本当のところどうなの？

本音がわかる！

仕事がわかる！

マンション管理士の「お仕事」と「正体」がよ～くわかる本

おとうふマンション管理士事務所
澤田　亮 著

秀和システム

●マンション管理の登場人物

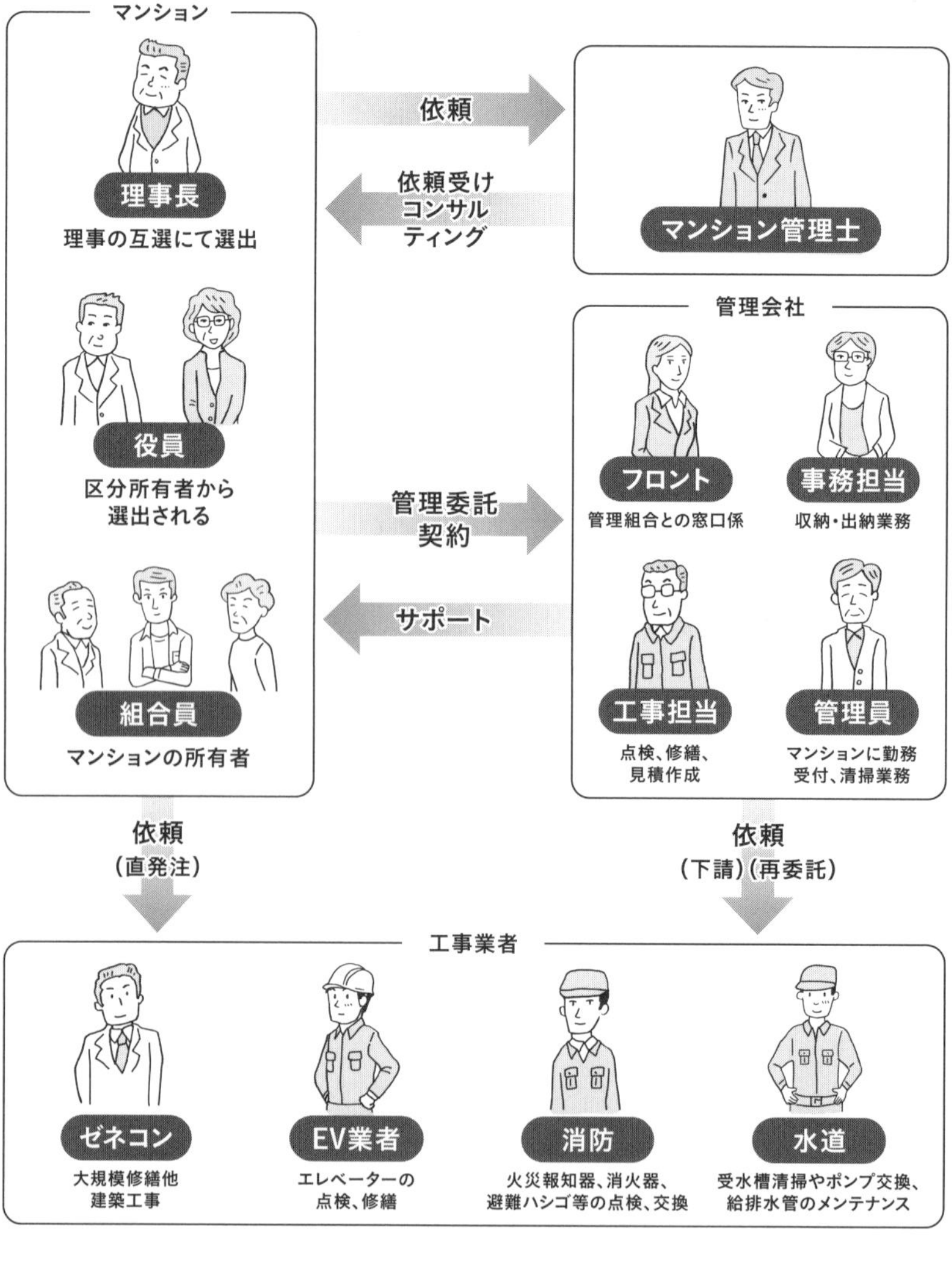
マンション
理事長
理事の互選にて選出
役員
区分所有者から
選出される
組合員
マンションの所有者
依頼
依頼受け
コンサル
ティング
マンション管理士
管理委託
契約
サポート
管理会社
フロント
管理組合との窓口係
事務担当
収納・出納業務
工事担当
点検、修繕、
見積作成
管理員
マンションに勤務
受付、清掃業務
依頼
（直発注）
依頼
（下請）（再委託）
工事業者
ゼネコン
大規模修繕他
建築工事
EV業者
エレベーターの
点検、修繕
消防
火災報知器、消火器、
避難ハシゴ等の点検、交換
水道
受水槽清掃やポンプ交換、
給排水管のメンテナンス

プロローグ

マンション管理士はどこにいる？

「マンション管理士」という仕事を目にしたことのある方がどのくらいいるのか。マンション管理士はその名の通り、マンションに関する仕事であるため、その地域のマンションの棟数によって回答が変わってくる。日本全国で見るとマンションにお住まいの方が2割にも満たない少数派である一方で、東京都の区部によってはその割合が9割を超えるところもある。見渡す限りマンションばかりの場所もあれば、マンション自体が身近でない場所も多い。マンション管理士はマンションの多いところに多い。

一方で、マンション管理士の有用性は全国どこでも変わらない。むしろ、マンションが少ない地域ほどマンション管理士が活躍する可能性すらある。

筆者はマンション管理士事務所を開業してまだ2年未満で日が浅い。ただ、マンション管理会社に合計3社、計15年以上勤務し、業務もフロントマンの他、事務や管理職を経験している。また、管理会社に勤務しながらマンション管理士会にも所属し、相談業務を行っているため、管理に関わった新潟県内のマンションは100を超える。マンション管理士の経験こそ長くはないが、マンション管理業界については15年以上この業界のことを見聞きしてきている。

とは言え、経験の少ないマンション管理士であるため、本書の出版の話をいただいた時「マンション管理士に興味がある方に、読んでもらえるような学びのある本が書けるのだろうか」と思い、応諾するのを少し迷った。ただ、同時に筆者もマンション管理士の「仕事」と「正体」をより良く知りたいとも思った。マンション管理士として駆け出しだからこそ、マンション管理士を目指す読者と近しい目線で、本が書けるのではとも考え本書の執筆を決めた。

本書を読み進めると幾度となく「マンション管理士は食えない」という文言が出てくる。本書を執筆している2023年12月現在、マンション管理士としての収入だけで食えている人は極々少数である。筆者は「食えるマンション管理士」になりたいと思い活動しているし、おそらく近い将来「食える資格」とまではいかなくても「活躍の場が増える資格」であると確信している。ただ、マンション管理の世界に誘引するための嘘を書き連ねることもできないため、マンション管理士として開業することの厳しさ等も正直に書いていく。当然だが、あまりマンション管理士という職業に魅力を感じないのであれば、無理にマンション管理士の資格試験を受験する必要もないし、開業する必要もないように思う。

また、マンション管理士ではなくとも、マンション管理組合の方にとってもマンション管理士の「仕事」と「正体」を知っていただくことで、管理組合内の揉め事や心配事の解決に役立てることもあるかもしれないし、もしかするとマンション管理士を使いたいという需要が喚起されればこんなに嬉しいことはない。

欲を言えば、マンションに直接関係する人だけでなく、マンションの近隣住民の方にもマンションを理解する上で読んでいただきたい。建設当時に感情を拗らせて「マンションに関わりたくない」という人も中にはいるとは思うが、それでも高経年マンション問題は関わらなければ解決するような類のものではないため、ぜひ問題を知り、解決に向けご理解いただきたいと思う。

なお、本書はさまざまな方に読んでいただきたいと考えており、詳細な説明よりもわかりやすさを重視しているため、多少の説明不足や物足りなさもあるかもしれないが、あらかじめご容赦いただきたい。

本書をマンションに関わる多くの人に読んでいただき、マンション管理をより良いものにする一助となれば幸いである。

こんなに違うマンション管理士のスタイル

「マンション管理士」試験に合格し登録したあと、「マンション管理士」という資格でどのように働くことができるのか。マンション管理士登録後のマンション管理士としての働き方のスタイルについて、簡単に見ていきたい。

①開業マンション管理士

難関と言われるマンション管理士試験を合格したあとは、個人事務所を開業することを考える人もいるだろう。詳細は後述するが、実は個人事務所を開業するマンション管理士は合格者の1割にも満たず、開業して食い繋ぐことができるマンション管理士は多くない。

厳しい世界であるが、それでも知力体力をフル活用し、食べていくことは可能であると考えている。特に、筆者のようにマンションが少ない地方都市ではどのような仕事があるのか、また今まさに起こっている環境の変化についても本書で語っていきたい。

②管理会社勤務マンション管理士

マンション管理士試験合格者の多くは、マンション管理会社勤務をしている割合が最も高い。名称独占資格であるため、マンション管理士を取得することで新たな役割や独占業務を行えるわけではないが、外部のマンション管理士から意見されたときに「名前負け」しないというメリットがある。

また、「マンション管理士」が昇格条件であったり、資格手当が発生したりと会社によっては取得する実益もある。

③副業マンション管理士（その他の会社勤務）

社内の競業規定等がある場合、マンション管理会社に勤めながらマンション管理士活動は制限されることが多いが、他業種であれば副業規定によりマンション管理士活動が可能な場合がある。

マンション管理士活動と相性の良い職業としては建築士、不動産業、ビル管理業等がある。マンション管理士活動を行う際に、建築や不動産、ビル管理の知識が役に立つからだ。

④プロボノ活動マンション管理士

ボランティアとしてマンション管理士活動を行う人も多い。業務負荷として業とまでは行わないが、マンション管理士会に所属し、相談会等への協力をする管理士がこれにあたる。儲け等はないが、それ以上の社会的価値がある。

Contents

第2章 マンション管理士試験に合格したら［副業・兼業・独立開業］

第3章 マンション管理士のお仕事［幅広い実務の世界］

第4章 マンション管理士の日常［働き方・休日・家事育児］

第5章 マンション管理士のこれから［マンション管理士の未来］

【凡例】

「マンションの管理の適正化の推進に関する法律」→「適正化法」

「建物の区分所有等に関する法律」→「区分所有法」

「マンションの建替え等の円滑化に関する法律」→「建替え円滑化法」

「長期修繕計画標準様式」→「長計標準様式」

「マンション標準管理規約（単棟型）」→「標準管理規約」

※標準管理規約には「単棟型」の他、形状によって「団地型」「複合用途型」と３種類あるが、便宜上「マンション標準管理規約（単棟型）」を「標準管理規約」と表現している。

【注意】

第1章
マンション管理士になろう！
[マンション管理士の世界]

01 マンション管理士とは？
どのような役割があるのか？

マンション管理士の歴史

「マンション管理士」は平成13年施行の「適正化法」に基づく国家資格である。他に士業と呼ばれる弁護士や行政書士、税理士等より歴史が浅く、比較的新しい国家資格である。

マンション管理士の歴史を語るためには、日本におけるマンションの歴史と、適正化法制定の背景に少々触れる必要がある。

軍艦島のコンクリート造の共同住宅から始まった日本のマンション建築だが、数度のマンションブームもあり、新築件数は2007年まで供給が増え続けていた。

マンションの増加に比例して、そのマンションを管理運営するための「マンション管理会社」が増加した。マンション管理会社は当初、デベロッパーが子会社を作り自社で建てた建物を管理させる方式が多かったようだ。子会社で管理することで、その後の修繕も自社で行うように誘導することが期待できるため、「建設から管理まで永続的に利益を出せる」体制を構築しようという思惑があったように思える。一方で、当時のマンション建設にはスーパーゼネコンや大規模な建設会社だけでなく、小規模なデベロッパーや不動産業者も多く参入している。そのため、分譲マンションの乱立にあわせて雨後の筍の如く設立されたマンション管理会社の中には、管理のノウハウがほとんどないような会社が、他の優秀な管理会社の

※1　建物の区分所有等に関する法律。昭和38年4月1日から施行。

※2　一般的に、区分所有法第3条に規定されている「全員で、建物並びにその敷地及び附属施設の管理を行うための団体」を指す。なお、適正化法第2条3号には「マンションの管理を行う区分所有法第三条若しくは第六十五条に規定する団体又は区分所有法第四十七条第一項（区分所有法第六十六条において準用する場合を含む。）に規定する法人をいう。」と規定されている。

※3　共用部分の管理に関する内容を決めるための会合。区分所有法では集会と表現されるが、標準管理規約上では総会と呼ばれる。

※4　区分所有権を有する者。区分所有法第2条第2項参照。

見よう見まねでマンションを管理するような状況があった。

　適正化法施行前、マンション管理関連の法律は「区分所有法」（※1）のみだった。

　区分所有法では「管理組合」（※2）を構成し、「総会」（※3）で意思決定を行うというマンション管理に関する大枠は規定されているものの、肝心の管理の内容については住民自治が基本であるため、区分所有者（※4）に全て任されており、管理主体となる区分所有者の知識や行動により、マンション管理の質が左右される状況であった。

　しかし、デベロッパーの中には「マンションの管理は管理会社が全て行うため、面倒なことは無い」との甘言を並べ、区分所有者に「マンション管理に関する権利主体が誰か」という基本的なことも伝えずにマンションを売却する会社もあった。

　当然、そのようなマンションは管理に関

●分譲マンションストック数の推移

●現在のマンションストック総数は約694.3万戸（2022年末時点）。
●これに令和２年国勢調査による１世帯当たり平均人員2.2人をかけると、約1,500万人となり、国民の１割超が居住している推計となる。

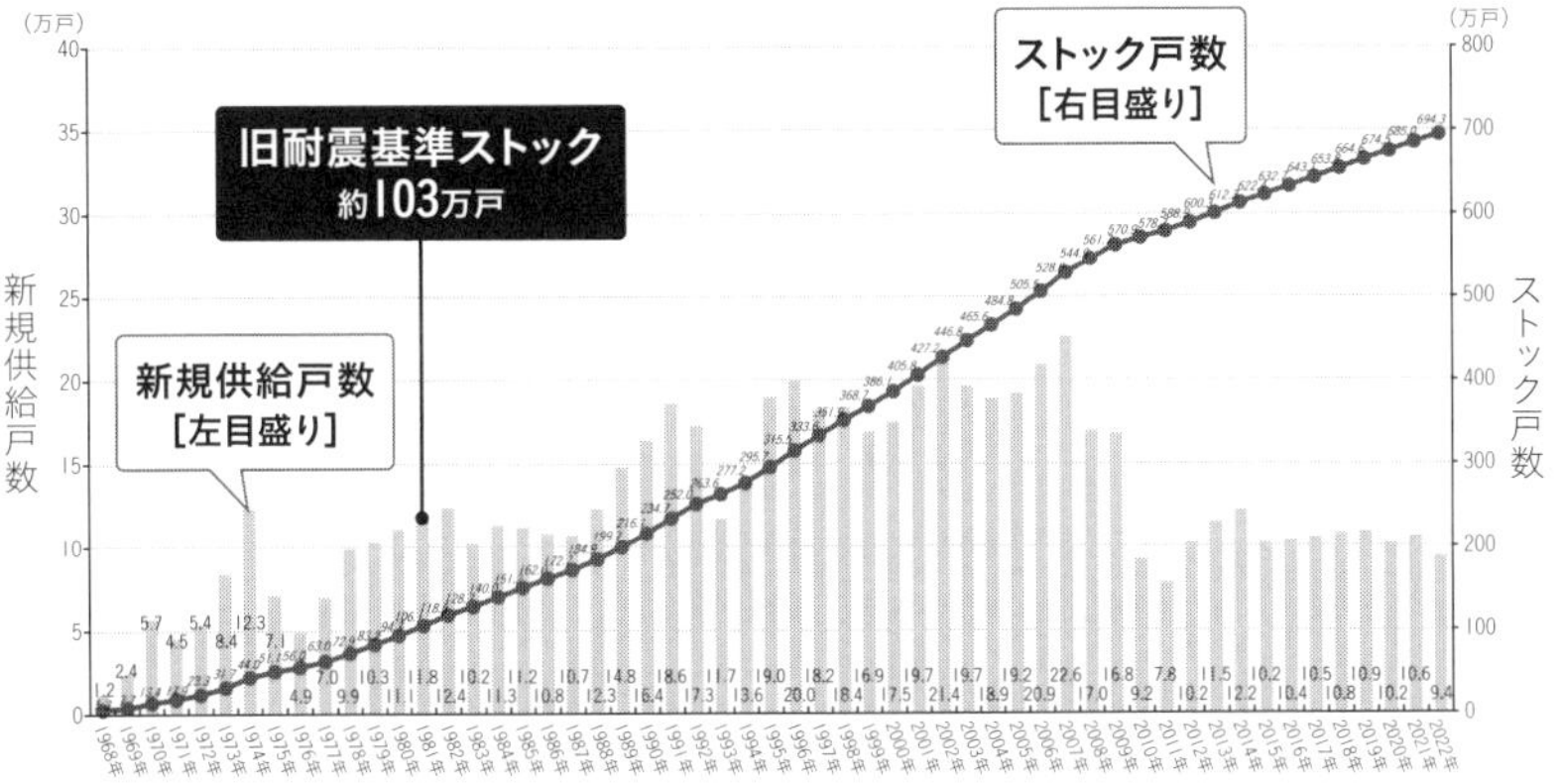

※新規供給戸数は、建築着工統計等を基に推計。
※ストック戸数は、新規供給戸数の累積等を基に、各年末時点の戸数を推計。
※ここでいうマンションとは、中高層（３階建て以上）・分譲・共同建で、鉄筋コンクリート造、鉄骨鉄筋コンクリート造又は鉄骨造の住宅をいう。
※1968年以前の分譲マンションの戸数は、国土交通省が把握している公団・公社住宅の戸数を基に推計した戸数。

出典：国土交通省「分譲マンションストック数の推移」
（https://www.mlit.go.jp/jutakukentiku/house/content/001625310.pdf）をもとに当社作成

する意識が低く、区分所有法で期待されているような、区分所有者による管理会社への監視等は働かず、一部の管理会社では「やりたい放題」の状況となってしまったという話も聞く。その結果、分譲マンションが増えていくにつれ、管理会社の社員による金銭事故が複数の会社で発生した。

例えば、マンションの管理組合を運営するための「管理費」や「修繕積立金」等の必要な金銭の保管方法が決まっていなかったため、管理会社名義の銀行口座を使って収納、保管を行っていた。銀行口座の銀行印は管理会社が所有しているため、管理会社に預けていたはずの「管理費」や「修繕積立金」が勝手に下ろされてなくなるということがあった。

また、管理会社が倒産した時に預けていた管理費等が、管理会社名義の通帳で保管されているため「管理会社の資産」とみなされて管理組合に返還されないという事故も複数の管理会社で発生した。更に、会計の内容を組合員に報告するルールもなかったため、管理が杜撰な管理会社では、組合員は毎月支払っている管理費等がどのように使われ、いくら残っているのかもわからない状況となるということが発生した。

会計に関する問題では前述のものとは別に、管理組合の管理運営が未熟であることをいいことに、管理会社が受注する工事に不正な利益を乗せて工事を行う等の利益相反（※5）が発生した。

このようなマンション管理に関係する事件事故が多発したため、社会問題化し広く認知されることとなった。そのため国は適正化法を制定し、マンション管理の業務を行うためには国土交通省に「管理業登録」することが必要となるルールを作った。また、管理委託契約を

※5　一方では利益となり、他方では不利益となる行為または状態のこと。この場合、管理会社は「工事会社」として多くの利益を確保したいという立場と、「管理組合の事務局」として組合の支出を抑えたいという立場が相反している。

※6　一般的にはマンションの管理者及び理事長もしくは代表理事（管理組合法人の場合）を指す。そして、この適正化法により「管理組合の立場の専門家」という役割として、国家資格としてのマンション管理士が誕生した。

※7　公益財団法人マンション管理センター「マンション管理士とは?」(https://www.mankan.org/aboutqfy.html) より

締結する際には事前に、マンション管理士と同じく適正化法に規定された国家資格である「管理業務主任者」をして、管理者等（※6）または管理組合に対し重要事項説明をするルールが整備された。

具体的なマンション管理士の業務は、公益財団法人マンション管理センターによると「管理組合の管理者等又はマンションの区分所有者等からの相談に応じて、管理規約、使用細則、長期修繕計画等の素案の作成、区分所有者間のトラブル解決に向けての予備的交渉等」（※7）と記載されている。

マンション管理士は名称独占資格である。マンション管理士が行うとされているマンション管理コンサルティング等の業務はマンション管理士試験を合格せずとも行うことはできるが「マンション管理士」と名乗って活動するためには、マンション管理士試験に合格した後、マンション管理士

●マンション管理士として就業しているマンション管理士は少ない

回答者の職業（単一回答）

●回答者の職業は、「会社員」と回答した者が多く、特に、マンション管理業や不動産業に従事する会社員が34.6%となっている。「マンション管理士として就業」と回答した者は4.6%であった。

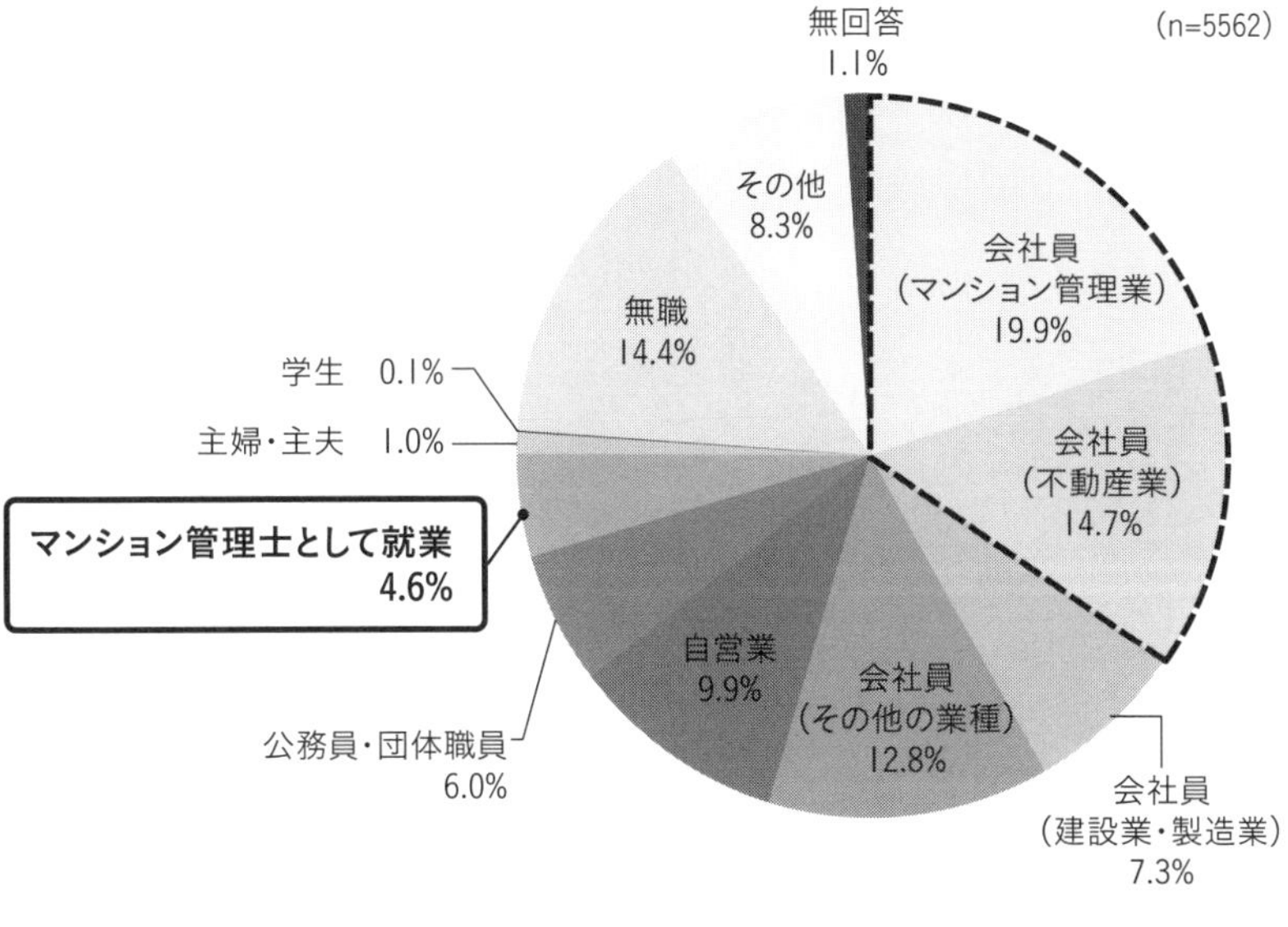

出典：公益財団法人マンション管理センター「マンション管理士の業務についてのアンケート調査結果の概要」(http://www.mankan.org./pdf/chosa02.pdf)をもとに当社作成

としての「登録」を受ける必要がある。これにより「マンション管理士」という看板を用いて一定の知識がある者として活動できる。

しかし、20年超の歴史がありながら、活躍しているマンション管理士はまだまだごく少数である。公益財団法人マンション管理センターが実施したアンケート結果では、マンション管理士資格取得者のうち、マンション管理士として就業と回答した者は、回答者のわずか4・6%であった。

マンション管理士が普及しない理由の一つとして挙げられるのが、ビジネスとしての魅力が欠けているように見られがちであるという点だ。実際、管理会社社員時代には地域のマンション管理士に対する評判はほとんど聞こえて来ず、たまに耳に入ってくるのは「知識量が少ない」「管理会社以下」「実務経験がなくアドバイスも的外れ」等と散々な言われようだった。それに、そもそも地方都市ではマンションの数が首都圏に比べ多くなく、潜在顧客が少ないのは火を見るより明らかである。そのような環境の中で、わざわざマンション管理士という職業を選ぶというのは、採算を考えればなかなかできることではない。

加えて、当時は「活躍するマンション管理士」というロールモデルが身近にいなかった。そのため、ボランティアやプロボノ活動（※8）として困り事を抱えた管理組合や区分所有者に対する相談業務等を行うのでは問題ないが、ビジネスとして展開するにはハードルが高かったように思う。

また、先に述べた「マンション管理士の業務」についても問題がある。「管理規約や使用細則」は管理会社が管理委託契約を受託しているマンションであれば、大体管理会社が行って

※8　専門的な知識やスキルを使ったボランティア活動のこと。

いる。しかも、大手管理会社となれば全国の事例を水平展開することや、顧問弁護士等に確認しながら作成することができるため、下手なマンション管理士が単独で作成するよりも良いものができる。「長期修繕計画」も、管理会社が修繕履歴含むマンションの状況を把握しているため、わざわざマンション管理士に作成させるというのは特別な事情がなければお鉢が回ってこない。「区分所有者間のトラブルの解決」も、初期段階であれば近隣住民が間に入って仲裁され、関係が悪化すれば法廷に持ち込まれ弁護士の仕事になる。マンション管理士が関与するためには「絶妙なタイミング」で相談を受ける必要があるが、果たして現在のマンション管理士に「区分所有者のトラブルが発生しそうだから相談しに行こう」と思えるような知名度や解決能力があるのだろうか。甚だ疑問である。そもそも、個人間のトラブルには関わらないというスタンスのマンション管理士も多くいる。ということで、マンション管理士は業務範囲が狭く、その狭い業務範囲ですら管理会社の「下位互換」としての機能しか持ち合わせていないような人が多いというのが、現時点での正直なマンション管理士に対する世間からの評価なのではないか。平たく言えば「役に立たないマンション管理士」がいくら増えたとしても、今のままでは普及は望めないのかもしれない。

マンション管理士になりたいと思う次の世代が出てこなければ、いずれ衰退し、挙げ句の果ては消滅してしまう。高経年マンションの管理組合に対して、したり顔で「マンションを次の世代にどのように残したいのか」と問うことは簡単だが「マンション管理士を次の世代にどのように残したいのか」という問いに対し、明確な回答ができるマンション管理士は少ないだろう。

とはいえ、筆者もマンション管理士事務所を開業したばかりであり、これからマンション管理士としての未来を紡いでいきたいと思っている一人である。そのための勝算も根拠もある。「活躍するマンション管理士」のロールモデルがいないのであれば、筆者自身がそのロールモデルになりたいとも思っている。マンション管理士が無くなってもらっては筆者も困ってしまうため、以降本書内で筆者が考えていることをまとめていきたいと思う。

▼他士業との比較・業務領域

弁護士や行政書士、税理士等のいわゆる「士業」資格とマンション管理士との大きな違いの一つに「独占業務がないこと」が挙げられる。極端な表現をすれば、マンション管理士となっても「マンション管理士と名乗ることができる」だけで業務を行うために資格を取る必要がない。独占業務がなく、専門性に乏しいため「8士業」（※9）や「10士業」（※10）の括りに入れられていなかったり、他の士業の方から「なんちゃって士業」と言われてしまっていたりするのがマンション管理士の現在地である。

これに関連して、他士業にあってマンション管理士に無いものとして「士業法」がある。弁護士には「弁護士法」、行政書士には「行政書士法」、税理士には「税理士法」と、それぞれ資格の名前を冠した法律があるが、マンション管理士は「適正化法」に基づいた国家資格であり「マンション管理士法」というのは現時点では存在しない。ただ、これだけ分譲マンションという生活様式が日本に根付いたうえ、将来的に高経年マンションに関わる問題が目

※9　弁護士・司法書士・弁理士・税理士・社会保険労務士・行政書士・土地家屋調査士・海事代理士をまとめて呼ぶことがある。

※10　8士業から海事代理士を除いた7つの士業に、公認会計士・中小企業診断士・不動産鑑定士の3士業を加えた10の士業。

に見えている状況であるため、マンション管理士に一定の権限を与えて対応させるということになった場合、マンション管理に関する「士業法」が成立する将来もないとは言い切れない。士業法については、独占業務や権威を高めるためには必要なものと思うが、今現在マンション管理士として開業している方にとっては逆に「縛り」となる可能性もある。例えば、現在マンション管理士は自宅開業が可能だが、事務所の設置が必要となったり、場合によっては副業や兼業に一定の制限が出たりするのかもしれない。もちろん、筆者はマンション管理士として同資格の発展を願ってやまないが、将来の発展に重きを置くばかりに、現在活躍しているマンション管理士の足を引っ張るような法律とならないようにしていただきたいものである。

▼どういう人がマンション管理士に向いている?

マンション管理士は、とにかく多くの人と関わる仕事である。マンションの理事長はじめ、理事役員、区分所有者、入居者、管理員の他、マンションに関わる協力業者や近隣住民、市役所の担当部署の方等、様々な立場の人と円滑にコミュニケーションを取ることが要求される。

要求されるコミュニケーション能力とは具体的にはどのような能力なのかを列挙していく。

◉人の話が聞ける

相談を受けた場合、当然相談者から話を聞くわけだが、これが実は非常に難しい。「何に悩んでいるのか」「何を解決すれば良いのか」「解決にどのような障害があるか」「今までど

●マンション管理の登場人物

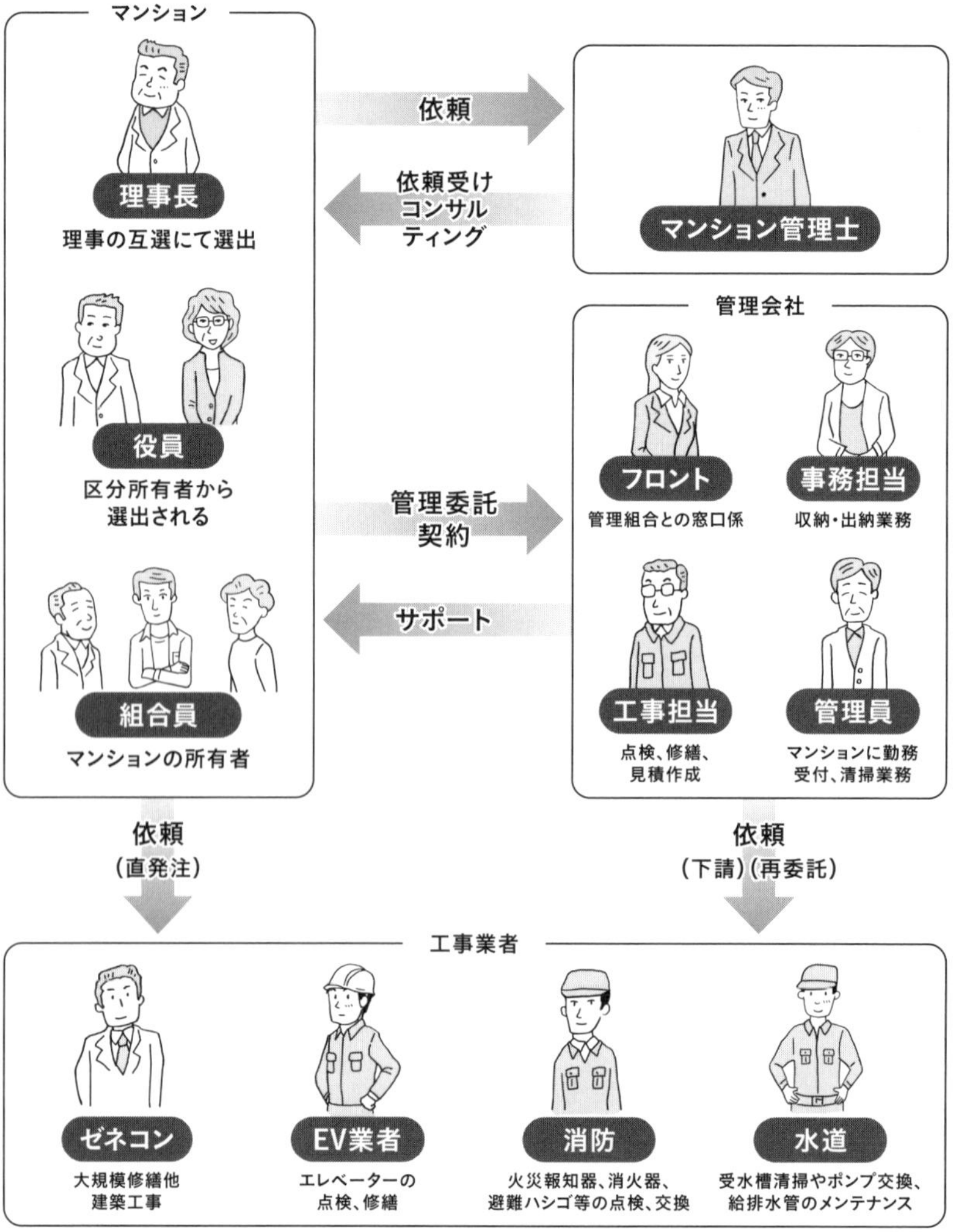

●マンション概略図

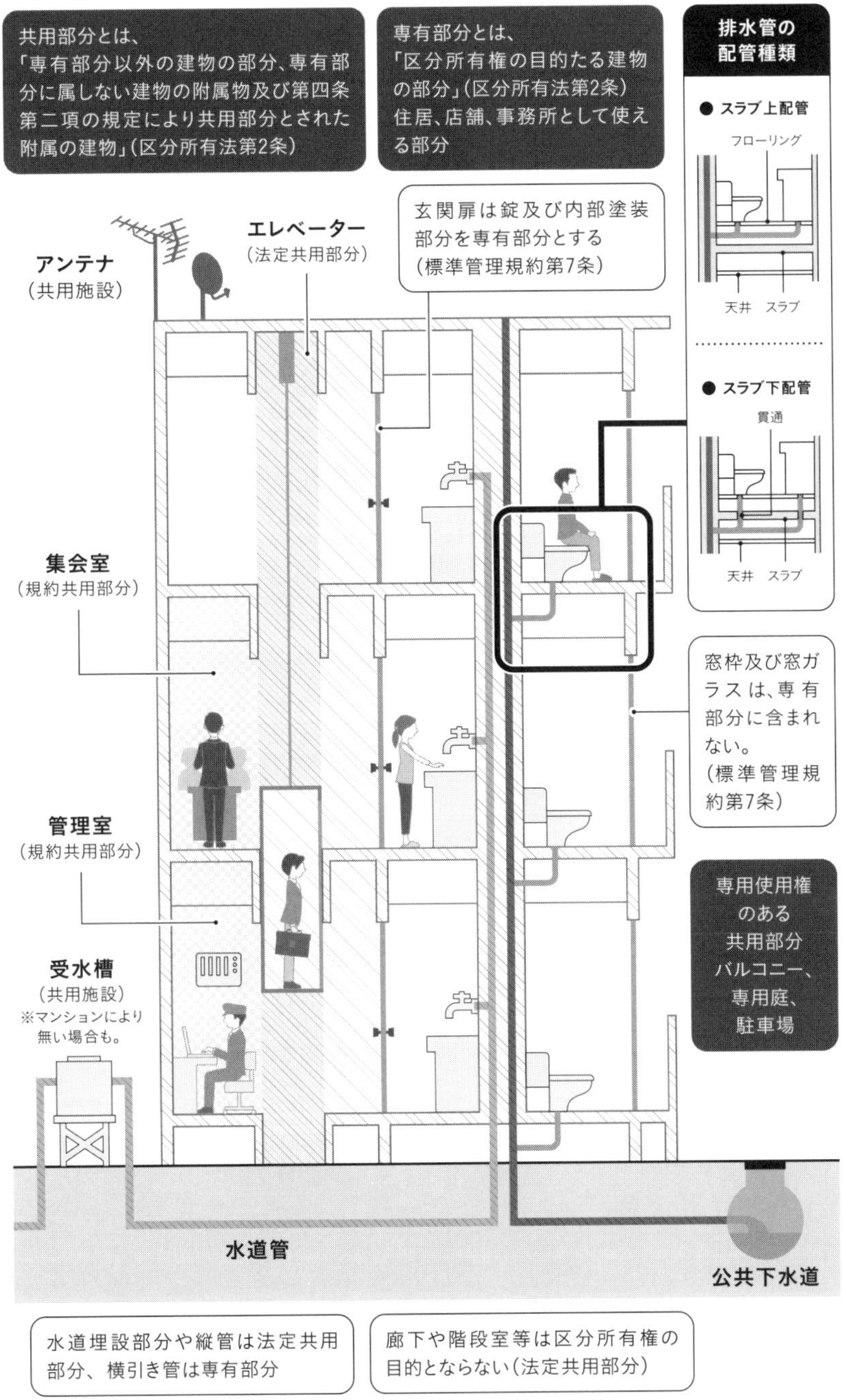
共用部分とは、「専有部分以外の建物の部分、専有部分に属しない建物の附属物及び第四条第二項の規定により共用部分とされた附属の建物」(区分所有法第2条)
専有部分とは、「区分所有権の目的たる建物の部分」(区分所有法第2条)住居、店舗、事務所として使える部分
排水管の配管種類
● スラブ上配管
フローリング
天井　スラブ
● スラブ下配管
貫通
天井　スラブ
玄関扉は錠及び内部塗装部分を専有部分とする(標準管理規約第7条)
エレベーター
(法定共用部分)
アンテナ
(共用施設)
集会室
(規約共用部分)
管理室
(規約共用部分)
受水槽
(共用施設)
※マンションにより無い場合も。
窓枠及び窓ガラスは、専有部分に含まれない。(標準管理規約第7条)
専用使用権のある共用部分
バルコニー、専用庭、駐車場
水道管
公共下水道
水道埋設部分や縦管は法定共用部分、横引き管は専有部分
廊下や階段室等は区分所有権の目的とならない(法定共用部分)

のような経緯があったのか」ということを聞き出す必要があるのだが、相談者が問題がどこにあるかを理解していないことが非常に多いのだ。

長年理事役員を務めている手練の役員なら、こちらが聞きたいことを理路整然とお話しいただけるのだが、輪番制で1～2年ごとに交代する役員の場合は、現行理事会が過去経緯を把握しておらず対応しきれていないということも発生する。そのため、助言するために必要なことを調べてもらうために時間がかかることもしばしばである。すぐに答えを求められる場合は国土交通省が作成したマンション管理規約の雛形である「標準管理規約」(※11)を参考に回答することもあるが、あくまで雛形であるため法的拘束力のないものとなる。これをいかに道標として使えるかが重要だと考える。

◉人に考えを伝えることができる

マンションの専門家として、理事会や総会等多くの人の前で発言するという場面も少なくない。「弁が立つ」ということまでは求められないが、人前でも物怖じせず、整理して話ができるスキルが必要だ。これぱかりは慣れるしかない。なかなかそのような場面に巡りあうことができず、経験が積めない場合は「想定問答集」を作成しておくと対応の質が格段に向上する。想定問答集の作り方は、インターネット上にあるマンションに関するお困りごとの声に対し「実際にどのように回答するか」を「自分の言葉」で綴っていく。さまざまな専門家が回答しており、時にはその回答の方が適切な場合もあると思う。しかし、自分が人に説明するために作る想定問答集であるため、借りてきた言葉でなく、自分の中にある言葉で作

※11 最新版は国土交通省「マンション管理について」参照（https://www.mlit.go.jp/jutakukentiku/house/jutakukentiku_house_tk5_000052.html）

る方がより説明しやすくなる。なお、人に伝えるためには「声」も重要である。人前で喋ることに慣れていないと、声が小さかったり、滑舌が悪く聞き取りにくかったりする。日々「人前で喋ること」を想定して、発声練習や滑舌を改善するための練習をしておくことが肝要である。

ちなみに、マンション管理会社のフロントマンや、理事役員の経験のある方は、理事会や総会で発言する機会も多いため、このスキルが備わっている場合が多い。

◉冷静である

理事会で議論をしていくと熱が入ってしまうことがあるが、マンション管理士が売り言葉に買い言葉で暴言を吐くようなことがあってはならない。感情は、議論を行うためには障害でしかないため、自分の中に留めておき、冷静に対応する必要がある。また、交渉等の場面に立ち会う場合でも、マンション管理士は当事者ではなくあくまでオブザーバーである。傍からマンション管理士が余計なことを言って交渉が台無しになるということはあってはならないので、発言する時は細心の注意が必要だ。

他に、マンション管理士にはマンション管理に関する専門知識を探求し続けられる胆力も必要だ。マンションに関する法律は「適正化法」の他「区分所有法」「建替え円滑化法」等とそれほど多くない。しかし、実務と法律との関係性を確認する場合、法律だけではどのように当てはめれば良いかわ

からない場合もある。そのような具体的な適用実務では先の法律だけでなく、国交省の通達や施行規則等を確認する必要がある。

また、法律の知識だけでなく、マンションの設備や新しい工法、バリューアップの方法等のハード面の知識も幅広く学んでいく必要がある。個人事業主として開業していると、勝手に情報が届くということもないため、常に最新の情報にアップデートするためには、業界紙の購読や管理士会へ加入し、積極的に勉強会に参加する等で自ら学ぶ機会を作っていく必要がある。

この他、実務的な知識として国や各自治体の補助金事業や理事会、総会の円滑な運営のためのファシリテーション能力を実践しながら学んでいく必要があるため、日々の精進ができるかというのは、マンション管理士としての資質に大きく関わってくると思われる。マンション管理士としての日頃の勉強については、第4章で詳細を記載していく。

02 知りたい！ マンション管理士の仕事

どんなことをしているの？

▼「マンション管理士にしかできないこと」はない？

国土交通省のホームページに「マンション管理士とは、専門的知識をもって、管理組合の運営、建物構造上の技術的問題等マンションの管理に関して、管理組合の管理者等又はマン

※1 国土交通省ホームページ「マンション管理士になるには」(https://www.mlit.go.jp/about/file000067.html)

ションの区分所有者等の相談に応じ、助言、指導その他の援助を行うことを業務とします」（国土交通省ホームページ「マンション管理士になるには」（※1）から引用）。とあるように、マンション管理士の仕事は、基本的には管理組合に対する「助言、指導その他の援助」というものになる。

具体的には、管理組合と顧問契約を締結し「マンション管理に関するコンサルティング」「管理規約の改定」「長期修繕計画の見直し」等を業として行っている。また、一般の区分所有者等からのマンション個別の問題や騒音等相隣関係に関する「相談業務」も行っている。その他、最近は「第三者管理（管理者管理）」という手法で管理を行うマンション管理会社も増えているため、外部専門家としての監事就任や、役員の成り手不足で困っている管理組合の理事長又は理事就任等のニーズも高まっている。

先に触れた通り、マンション管理士は「名称

●専門家の活用状況

専門家を活用しているマンションは41.8%であり、活用した専門家は、建築士が15.6%と最も多く、次いで弁護士が15.2%、マンション管理士が13.0%となっている。

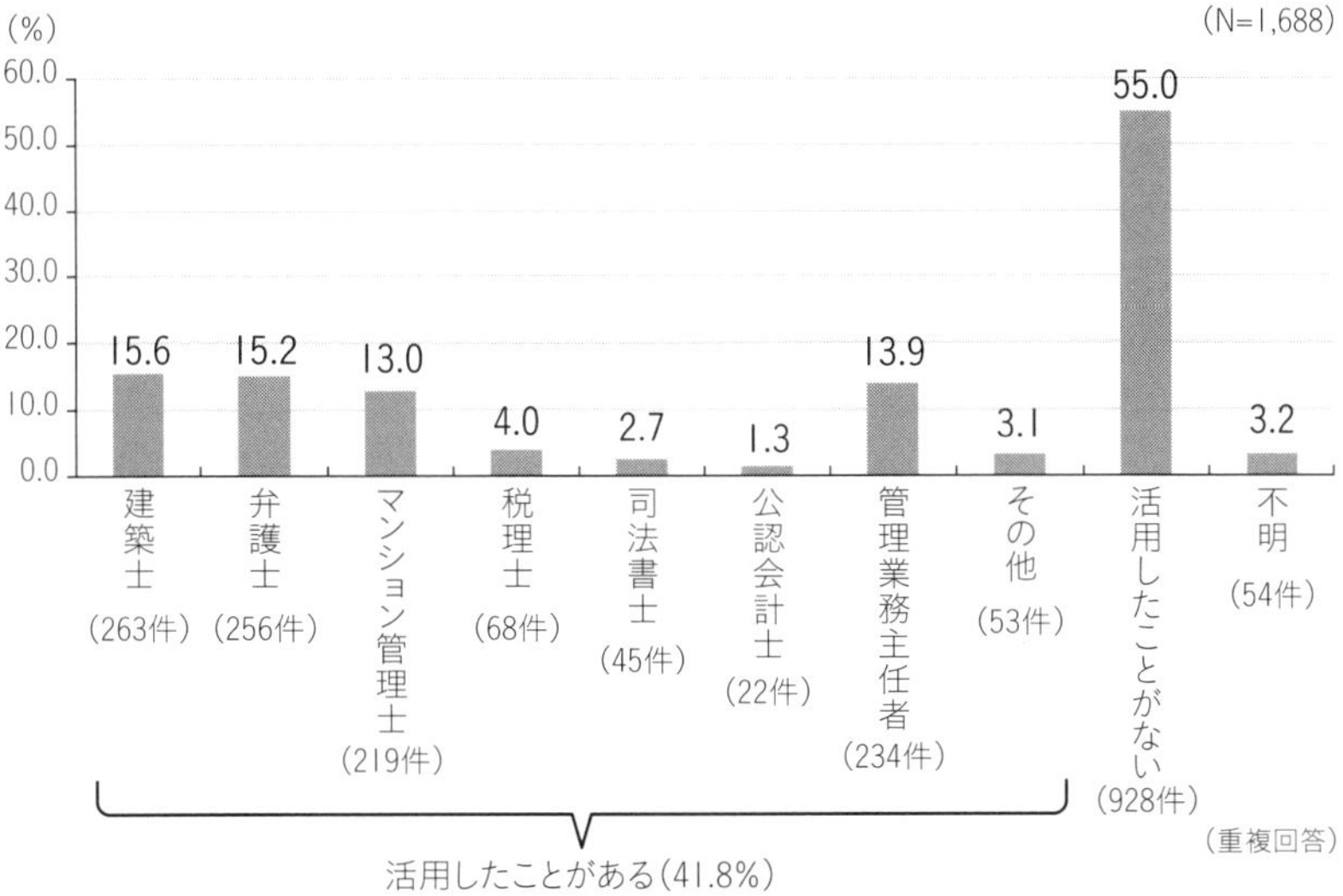

出典：国土交通省「平成30年度マンション総合調査結果からみたマンション居住と管理の現状」(https://www.mlit.go.jp/common/001287570.pdf)をもとに当社作成

独占資格」である。マンション管理士試験に合格し登録することで「マンション管理士と名乗って仕事をする」ようになる。裏を返せば、同じ仕事内容でも「マンション管理士と名乗らなければ誰でも仕事ができる」ことになる。実際にＹｏｕＴｕｂｅや雑誌等でマンションについて雄弁に語っている方でも、マンション管理士資格を持っていない「自称マンションに詳しい〇〇さん」のような方もいらっしゃるし、管理組合の顧問に地元の経験豊富な不動産屋さんが担っているということも散見される。もちろん、そういう方は得てして「マンション管理士資格を持っていない」だけで、知識や経験はマンション管理士よりも豊富である傾向にある。ただ、なかには「マンション管理士の資格を持たないうえ、中身も伴っていない」方もいるため、顧問業をお任せする場合には、経験や知識を確認してお願いするのが良いと思われる。稀に、自分の別事業への誘導のためにマンションの顧問を務めているというケースもあるため、あわせて注意が必要だ。

実際に、管理組合が管理運営に関する協力を求めている外部専門家はどのような職が多いのかというと、マンション管理士が最多という訳ではなく、他の士業への相談の方が多い。大規模修繕工事等の大型工事に関するコンサルティングは建築士へ、管理費等の滞納請求や法的措置については弁護士にそれぞれ依頼されている。また管理会社が管理者の役割を担う「第三者管理方式（管理者管理方式）」では、管理会社が提携している弁護士や公認会計士を監事に就任させるということも行われている。

ということで、マンション管理士となっただけでは「マンション管理士にしかできない仕事（独占業務）」がないため、看板を掲げていれば必要に駆られたお客様が飛び込んでくるという仕事ではない。マンション管理士として活躍するためには第一に「マンション管理士である自分が役に立てることをアピールし、興味を持ってもらうこと」が重要である。

なお、管理組合が困った場合の一番の窓口となる可能性があるため「適切に専門家に繋げる」よう、他士業の先生達との相談体制の構築が肝要である。他の専門家の紹介は、その時には儲けにならないかもしれないが、紹介した先生から逆にマンションに関するお客様を紹介してもらったり、恩義を感じた相談者から口コミが広がったりするかもしれない。「情けは人のためならず」ではないが、人に親切に接することは非常に重要だと思う。

03 マンション管理士になるには?
合格率10%未満のその先は

▼資格をとる必要がない?

「マンション管理士になるにはどうしたらよいか?」と問われれば「マンション管理士試験に合格して下さい」という答えになる。しかし「マンション管理士の業務を行うにはどうしたらよいか?」という質問なら回答は変わってくる。マンション管理士には大きな「独占業務」がない。そのためマンション管理士でなければできない仕事というものはほとんどなく(※1)、マンション管理組合のサポートは弁護士や建築士等様々な方が行っている。

※1 マンション管理士会所属のマンション管理士にしかできない業務が存在する。詳細は後述。

資格の有無ではなく、「マンション管理士でなければできないもの」もしくは「問題解決能力」を提供できなければ、価値ある仕事はできないものと思う。

筆者の場合は「マンション管理士になろう！」と思って取ったわけではなかったし、ましてや「独立しよう」などとは全く思いもしていなかった。管理会社勤務時代に業務上必要な管理業務主任者を取得し、その上位資格としてマンション管理士というものがあるというのを知り、漫然と目指して勉強していた。そして、年中行事の如く繰り返し受験して合格したというものだ。

ちなみに、管理会社におけるマンション管理士資格の価値は、実はあまり高く評価されていない。資格手当が設定されている管理会社も多いと聞くが、管理業務主任者より低く設定されていたり、資格手当がなかったりするとのこと。また、管理会社に勤務していると、マンション管理士資格を取得していても、マンション管理士会には所属しない場合が多い。

そう考えていくと、「マンション管理士」という資格自体に価値があるというわけではなく、「マンション管理士を取得した自分」に価値がないと仕事に結びつかないということがわかると思う。マンション管理士という資格が仕事をしてくれるわけでも、お客様を呼び込んでくれるわけでもない。ましてやマンション管理士を取得したからといって「偉い」わけでもない。大した知識もないのに「マンション管理士はマンションの専門家だから偉ぶらなければならない」みたいな誤った思い込みで理事会や相談会に参加している人を見かけると、同じマンション管理士として顔から火が出るほど恥ずかしい気持ちになる。

マンション管理士として活躍するためには「マンション管理士」の資格と「マンション管

者は考えている。

理の正しい知識」と「人間としての魅力」が全て備わっていないと難しいのではないかと筆

他の試験との比較

マンション管理士試験は合格率が10％未満と低いが、50問の四肢択一で出題範囲がほぼ「管理業務主任者」と重なっている。司法試験、司法書士、行政書士試験等の他の法律系士業試験は五肢択一と記述式問題や二次試験があることを考えると、マンション管理士試験はいわゆる士業試験より「管理業務主任者」や「宅地建物取引士」等の試験に近いといえる。

また、マンション管理士試験に合格した後、マンション管理士と名乗るためには「マンション管理士登録」をする必要があるが、その際に実務年数に関する要件や、研修や講習は全くない。つまり、試験に合格し、登録さえしてしまえば、実務を全く知ることなく「マンション管理士」と名乗り業務を行うことができるのである。司法試験なら司法修習、司法書士なら新人研修がある。また、管理業務主任者と宅地建物取引士には、それぞれの実務経験が2年以上ないと登録できず、2年未満の場合、実務経験に代わる研修を修了する必要がある。マンション管理士は、登録前に研修や講習を課さなくて良いのだろうか。

ちなみに、マンション管理士は5年ごとに「法定講習」（※2）を受講する義務があるが、講習内容は直近の法改正やトラブル事例の紹介等が主な内容であるため、マンション管理士が業務を行うための基礎的な知識をこの講習だけで得ることは難しいと思われる。

誠に情けないことだが、マンション管理士に対し「使えない」「役に立たない」という声を

※2 適正化法（講習）第41条及び適正化法施行規則第41条参照

耳にすることは多い。聞いた話では、「管理組合」と「自治会」の区別がつかず、混同して助言してしまったため、トラブルとなったマンション管理士もいるらしい。真偽のほどは不明だが、この程度の知識しか備えていない、経験不足のマンション管理士が世に放たれているのであれば、世間からの評価が低いのも仕方のないように思う。

ただ、筆者は「適切な講習を受けられる機会を与えてほしい」という話をしたいわけではない。曲がりなりにも「マンション管理士」として名乗るのであれば、講習機関に対して「適切な講習」を求めるような他力本願な考えでは、そもそもマンション管理士業など不可能である。自分が判断を間違えば、お客様に多大な迷惑がかかり、責任問題にも発展する可能性がある。重い責任を担うためには、自ら進んで学ぶ姿勢が重要だ。

04 どうやって勉強する？ 短期合格は目指せる？

試験概要　マンション管理士試験はどんな試験？

マンション管理士試験は、例年11月の最終日曜日に開催される。午後1時から午後3時までの2時間が試験時間となる。問題はマークシート方式の50問4肢択一試験、受験資格は年齢、学歴等に関係なく、誰でも受験が可能である。

なお、管理業務主任者試験に合格し、受験申込時に受験整理票の所定欄に管理業務主任者試験の合格証書の「合格番号」を記入することで試験の一部が免除になる（※1）。

試験範囲は適正化法施行規則第2条（試験の内容）に次の通り規定されている。

> 第二条　前条の基準によって試験すべき事項は、おおむね次のとおりである。
> 一　マンションの管理に関する法令及び実務に関すること(第四号に掲げるものを除く。)。
> 二　管理組合の運営の円滑化に関すること。
> 三　マンションの建物及び附属施設の構造及び設備に関すること。
> 四　法に関すること。

マンション管理士として業務を行うための必要な知識を問う問題であるため、法律知識から建築、設備、会計と非常に幅広い。その代わり、問題ごとの深度はそれほど深くなく、法律知識は「宅地建物取引士」や「管理業務主任者」試験と同程度の難易度の問題が出題される。

※1　問46～50の5問が正解扱いとなる。また、試験時間が午後1時10分から午後3時までと10分短縮される。

▼資格の予備校の活用法・独学との比較

最近は試験勉強のための教材の選択肢が増えた。書店には様々な会社の独学用の教材が並んでいるし、移動時間等にスマホでネットを通じて動画を視聴する方法もある。これらは比較的安価で始めやすいという特徴もある。また、勉強方法もさまざまで、網羅的に勉強する方式や論点を絞って短期合格を目指す方式等勉強のタイプも様々ある。選択肢が増えたので、予算、性分、時間に合わせて勉強法を選択できる。その多くの選択肢がある中でも費用が高額でありながら「資格予備校」は根強い人気がある。資格予備校の一番のメリットは何より「スケジュール管理」をしてもらえるところだ。独学はその言葉の通り、勉強している間は常に「孤独」である。しかも勉強期間は短くても半年、長ければ数年にわたる。長期間1人で合格のために勉強し続けるというのはなかなか大変で、合格までモチベーションを保つことができずに途中で断念する方も多数見受けられる。しかし、予備校であれば担任の講師が進捗度合いを確認してくれる。時に叱咤激励されながらも講師に伴走してもらえるというのは非常に心強いものがあると思う。中には、昼夜を問わずSNSで受験生を鼓舞し続けている講師もいる。そのような熱意ある行動を目の当たりにすれば、受験生も応えざるを得ないだろう。

ちなみに筆者は、マンション管理士の試験勉強を独学でダラダラとしていたため、合格まで9回、9年もかかってしまっている。毎年のように様々な教材を購入し、毎年新潟から東京に新幹線に乗り受験していたことを考えると、多大な費用と時間の無駄遣いをしたものだと今更ながら反省しきりである。

独学の勉強方法について少し掘り下げてみる。一般的な勉強方法はテキストで基礎内容を学んだ上で、過去問を繰り返し解き、模試等で勉強の進捗を確認していき本番に臨むという流れだと思われる。筆者はマンション管理士の他、管理業務主任者、宅地建物取引士等の不動産関連資格はすべて同じ勉強方法で取得した。なお、賃貸不動産経営管理士は今のように難化する前に取得したため除外する。

一連の流れの中で最も重要なのが「過去問を繰り返し解く」部分である。どのくらいの分量を何回繰り返せば良いのか。宅地建物取引士の5問免除を受けるための「登録講習」の際、講師の先生は「過去10年分を10回繰り返し解く」と仰っていたのを今でもよく覚えている。1年の問題数は50問ある。問題を2時間で解き、解説を読みながらゆっくり答え合わせを1時間行う。これを100日間繰り返すのだ。言葉にすると非常に辛そうな作業だが、筆者はこれを多少アレンジした勉強法で宅地建物取引士とマンション管理士にそれぞれ半年ほど勉強して合格している。とはいっても、どちらの資格もそれまで何度も受けていた試験であるため、ある程度の知識の蓄積はあったと思うので、真似をすれば必ず合格するというものではないと思うが、参考にしていただけたらと思う。

まず、テキストを一通り読んだ上で、過去問10年分を3回ずつ解く。この際、必ず正誤との選択肢を選んだのかを記録しておく。無論、当てずっぽうで正解したのは間違いと記録する。その後4回目から9回目の解答までは、連続3回正答した問題を飛ばして解答する。連続3回解答できた問題は自分の知識として定着したと考える。逆に3回連続で間違えた問題は、その問題を解くための知識が不足していると思われるため、個別にテキストを見ながら学び直す。そして、仕上げに10回目に全ての問題を解く。ここまで終えると合格が狙える力がかなりついているはずだ。その後、模試等で応用問題にある程度対応できるか確認するというのが一連の流れだ。

マンション管理士試験は満点を狙う必要はない。応用問題や、他の受験生がわからないような問題を解答できるようになるより、受験生の大半が解答できる基礎的な問題を間違わないことの方が重要だ。そのため、過去問の反復練習が何よりの近道となる。

ちなみに、世の中には「30日で合格！」といったような短期合格を謳う教材もあるが、これらの多くは、より重要な論点に絞って勉強を行うというものだ。極端な話だが、マークシート方式の試験は問題が全く解けなくても、チェックさえすれば4分の1で正解する。応用問題は解けなくても、繰り返し出題されている論点の問題だけを解答できるようにすれば、「まぐれ」で合格できる可能性がある。まぐれ合格のマンション管理士の真価については別論点ではあるが、資格試験の仕組みとして知っておいても損はないだろうと思う。

無理なく2年計画という選択肢

世間ではマンション管理士試験の合格に要する勉強時間は500時間程度といわれている。1日3時間程度勉強すると、単純計算で約167日と半年くらいで合格ラインに到達する計算となる。しかし、これは初学者の目安のため、宅地建物取引士や管理業務主任者等の資格試験の知識があれば、もっと短縮することが期待できる。

特に「管理業務主任者」は各項目に濃淡はあるものの、試験範囲が非常に似通っているため、管理業務主任者の知識を持っていれば、持っていない人とくらべ有利といえる。

また、先に述べた通り、管理業務主任者試験合格者は問46〜50が免除（正答したとみなされる）される。そのため、マンション管理士試験は、管理業務主任者試験に合格した翌年にマンション管理士試験合格を目指すという2年計画の方が多い。マンション管理士試験にお

マンション管理士試験と管理業務主任者試験の内容比較

想定されるマンション管理士試験の内容　※1	
(1)マンションの管理に関する法令及び実務に関すること	建物の区分所有等に関する法律、被災区分所有建物の再建等に関する特別措置法、マンションの建替え等の円滑化に関する法律、民法(取引、契約等マンション管理に関するもの)、不動産登記法、マンション標準管理規約、マンション標準管理委託契約書、マンションの管理に関するその他の法律(建築基準法、都市計画法、消防法、住宅の品質確保の促進等に関する法律等) 等
(2)管理組合の運営の円滑化に関すること	管理組合の組織と運営(集会の運営等)、管理組合の業務と役割(役員、理事会の役割等)、管理組合の苦情対応と対策、管理組合の訴訟と判例、管理組合の会計等
(3)マンションの建物及び附属施設の構造及び設備に関すること	マンションの構造・設備、長期修繕計画、建物・設備の診断、大規模修繕　等
(4)マンションの管理の適正化の推進に関する法律に関すること	マンションの管理の適正化の推進に関する法律、マンション管理適正化指針　等

想定される管理業務主任者試験の内容　※2	
1. 管理事務の委託契約に関すること	民法(「契約」及び契約の特別な類型としての「委託契約」を締結する観点から必要なもの)、マンション標準管理委託契約書等
2. 管理組合の会計の収入及び支出の調定並びに出納に関すること	簿記、財務諸表論等
3. 建物及び附属施設の維持又は修繕に関する企画又は実施の調整に関すること	建築物の構造及び概要、建築物に使用されている主な材料の概要、建築物の部位の名称等、建築設備の概要、建築物の維持保全に関する知識及びその関係法令(建築基準法、水道法等)、建築物等の劣化、修繕工事の内容及びその実施の手続きに関する事項等
4. マンションの管理の適正化の推進に関する法律に関すること	マンションの管理の適正化の推進に関する法律、マンション管理適正化指針等
5. 1.から4.に掲げるもののほか、管理事務の実施に関すること	建物の区分所有等に関する法律(管理規約、集会に関すること等管理事務の実施を行うにつき必要なもの) 等

※1　国土交通省「マンション管理士になるには」より抜粋
※2　国土交通省「管理業務主任者になるには」より抜粋

出典:国土交通省「マンション管理士になるには」(https://www.mlit.go.jp/about/file000067.html)をもとに当社作成
出典:国土交通省「管理業務主任者になるには」(https://www.mlit.go.jp/about/file000068.html)をもとに当社作成

いて、試験の一部を免除される受験生は、全受験生の約4割にのぼる。50問の試験で5点のアドバンテージは大きいため、急がないのであれば2年計画での合格を目指すことをお勧めする。

ただ、中にはマンション管理士と管理業務主任者と宅地建物取引士の3つの試験を1年で合格する強者もいる。「試験範囲が似通っているため合格できた」と言われたことがあったが、正直働きながらでは勉強時間が確保できず難しいと思う。環境と相談しながら、自分に合った勉強方法で合格を目指して欲しい。

▼勉強時間を確保するには

合格までの勉強時間が500時間だといっても、なかなかまとまった勉強時間を確保することは難しい。もし本書を読んでいただいているのが、学生や専業主婦の方のような比較的時間に余裕がある方であれば、環境が変わる前になるべく早く勉強に取り掛かることをお勧めする。そうでない、社会人の方は勉強時間を捻出する必要がある。具体的にどのように勉強する時間を作るのか。

◉晩酌を控える

筆者は晩酌の習慣がない。お酒が飲めないわけではないが、無理に飲む必要性も感じないため、年に数度の飲み会でしかお酒を飲まない。最近は晩酌をする人も減ってきていると聞くが、「晩酌がやめられない」ため勉強時間がとれない、または飲酒後ほろ酔いの状態で勉強しているという人も多いのではないか。実際、過去にそのような人をみかけたことがある。実務については一通り任せられる能力があるのだが、業務に必要な資格を取得していないため、自分で仕事を完結させることができない。上司から「資格を取って欲しい」と再三声かけされても生返事ばかりで勉強をしているそぶりもなく、結局退社するまで資格を取得できなかった。

飲酒は記憶力の低下、眠気等を引き起こす。試験勉強に有益なことがないため、試験期間は晩酌を控えることが肝要である。

◉ながら勉強

試験勉強は机に向かって、集中してするものと考える方が多いと思うが、実はそうではない。「試験勉強に触れている時間が長いこと」が重要だ。昔は勉強に参考書とノートが必要だったため、机に向かっているのであって、教材によっては時間と場所を選ばないものも多い。例えば筆者は「ジムのサイクルマシンを漕ぎながらスマホで勉強」「運転中にBGMがわりに音声教材を流す」等を行っていた。

模試等は時間を決めて行う必要があるが、それ以外の「スキマ時間」をいかに有効活用できるのかは考えることが有効と思う。

▼実務を頑張れば合格に近づく!?

管理会社に勤めているフロントマンの方は、マンション管理士を独学で勉強しようとする方よりも有利だと筆者は考えている。

ちなみに知らない方のために申し上げておくと、マンション管理会社のフロントマンの仕事とは、簡単に言ってしまえば管理会社の窓口係である。管理組合からの疑問、質問、要望等を受け付けし、回答する係である。また、多くの場合、理事会や総会のサポートもフロントマンの仕事となる。

この日々行うマンションの理事会や総会をサポートするための知識が、そのまま試験勉強とリンクしているため、改めて勉強せずとも、業務知識として備わっている場合がある。具体的には「標準管理規約」「会計（特に貸借対照表）」「設備、建築の知識」は業務知識として基本的なものであり、仕事を真面目に取り組めば合格しやすくなると思われる。

フロントマンの方がマンション管理士試験合格を目指すのであれば、まず過去のマンション管理士試験を一度解いていただくことをお勧めする。フロントマンとして一人前の方であれば、無勉強でも50点満点中25～30点（5問免除＋20～25点）は取れるものと思う。合格圏内まで10点～15点程度伸ばせば良いだけであるため、半年程勉強時間を確保できればそれほど悩まずに合格できるのではないのだろうか。

筆者の肌感覚ではあるが、フロントマンとしての仕事が評価されている方は、マンション管理士の取得も比較的早いのではと思っている。

▼不動産資格「3冠（トリプルクラウン）」「4冠」とは？

マンション管理士、管理業務主任者に宅地建物取引士を加えた3つの資格試験合格者を

「3冠（トリプルクラウン）」と呼ぶことがある。最近はここに「賃貸不動産経営管理士」を加えて「4冠」という言い方をする場合もあるとのこと。筆者もこの4資格を合格しているため「4冠」に該当するのだが、果たしてどのくらいの価値があるものなのか。特別感を演出するには良いと思うが、実務的にこの3つの資格がそれぞれ高い相乗効果があるかというと、余り感じないというのが正直なところだ。「トリプルクラウン」「4冠」とまとめられるのは仕事の繋がりというよりは、試験範囲が似通っていて勉強しやすいということから名付けられているようにも思う。

ちなみに、相乗効果は薄いものの、筆者自身マンション管理士とは別に宅地建物取引士資格を使った不動産の仕事も行っているため、独立開業して複数の仕事を行うためには「ダブルライセンス」もしくは「トリプルクラウン」は非常に役に立つと実感している。

ここで、筆者が考えるマンション管理士と「3冠」「4冠」の各資格との相性を述べてみる。

◉マンション管理士×管理業務主任者

先に述べた通り、管理業務主任者試験に合格することでマンション管理士試験が5問免除となる効果により、マンション管理士と管理業務主任者の両方を取得している方は大変多い。公益財団法人マンション管理センターが平成30年に公表したマンション管理士に対するアンケートでは、実に回答者の85・2%が管理業務主任者資格を保有しているという結果がある。

そのため、マンション管理士と管理業務主任者を取得していても他者との差別化ということは難しい。また、管理会社とマンション管理士は競業関係にもあるため、管理会社に勤務しながら副業でマンション管理士業を行うことは現実的には不可能と言っても過言ではない。つまり、マンション管理士業を行うに当たり、管理業務主任者を取得していることがメリットになる点は少ないだろうと思われる。

ただ、マンション管理士としての事業が上手くいかなかった場合、フロントマンとして出戻るための保険として保有しておくという選択肢もあるように思う。

◉マンション管理士×宅地建物取引士

宅地建物取引士は不動産取引の際に行われる「重要事項説明」を行うことができる国家資格である。また、事務所単位で必置義務があるため、不動産会社は専任の宅建士を相当数「雇わなければならない」ルールとなっている。以前は「実際に事務所に出勤して勤務しなければならない」とい

●マンション管理士以外に取得している資格（複数回答）

●マンション管理士が他に取得している資格については、「管理業務主任者」が85.2%、「宅地建物取引士」が77.8%となっており、割合が特に高い。

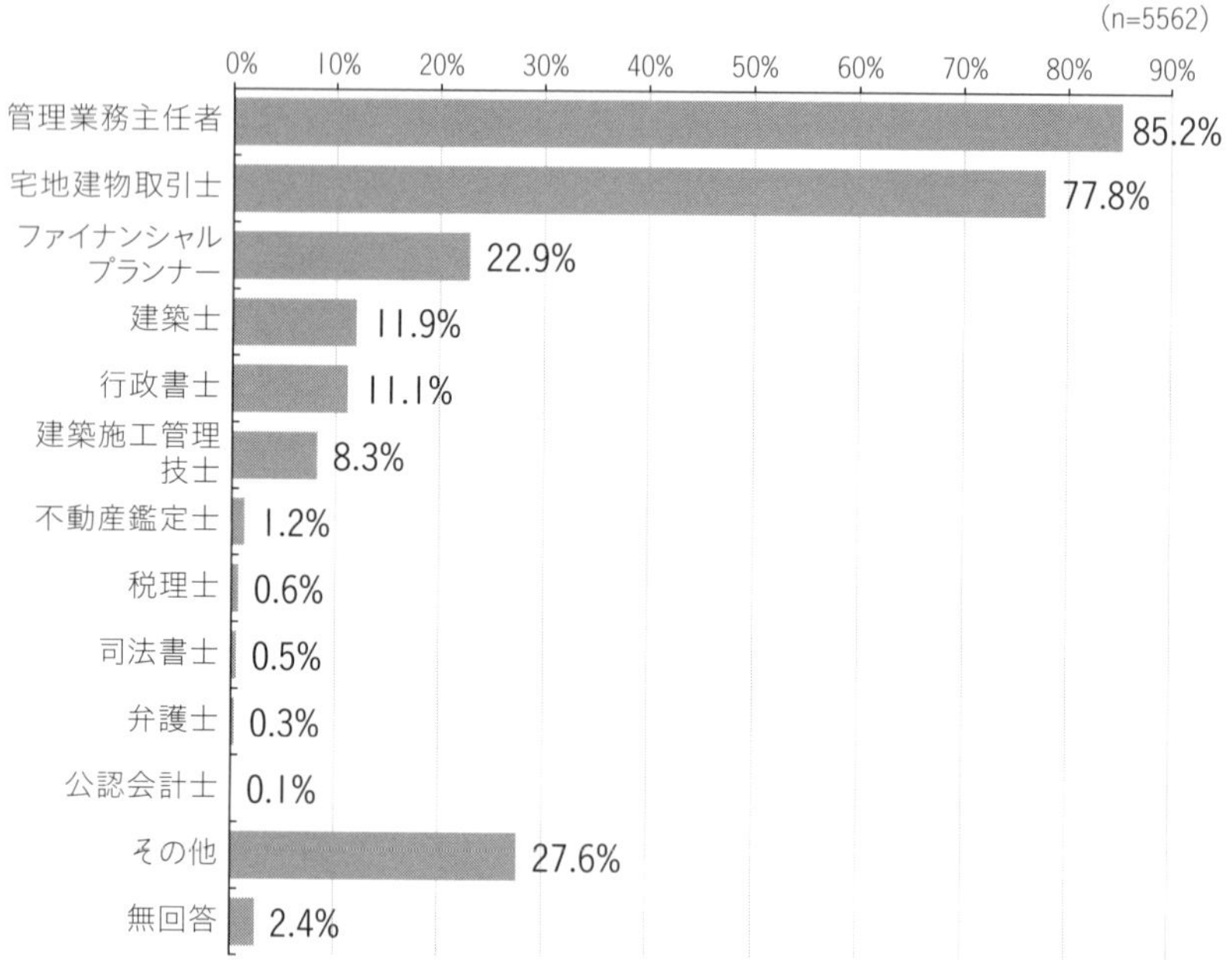

出典：公益財団法人マンション管理センター「マンション管理士の業務についてのアンケート調査結果の概要」(http://www.mankan.org./pdf/chosa02.pdf)をもとに当社作成

う縛りがあったが、現在はテレワークでも勤務とみなされる（※2）ため、専任の宅建士でなければ、業務委託として不動産業とマンション管理士のダブルワークとすることは可能であると思われる。また、専任の宅建士であっても、業務時間が重ならなければ兼業が可能となる場合もある。マンション管理士と宅建士との業務量等にもよるだろうが、そのような選択肢もある。

なお、マンション管理士としてマンションに関わっていると、少なからず売却や住み替えの相談を受けることもある。そう考えると、この組み合わせは一定の相乗効果があるものと思われる。

◉マンション管理士×賃貸不動産経営管理士

賃貸不動産経営管理士は「賃貸住宅の管理業務等の適正化に関する法律」に規定されている国家資格である。賃貸住宅管理業を一定の規模で行う場合に設置が義務付けられている「業務管理者」の要件の一つとなる。同じ「管理」の文字がつく2資格であるが、似ている点はそのくらいしかない。しかし、宅建士と同様に、業務管理者も必置義務があるため、業務量によっては相乗効果を見出すことができるかもしれない。

※2　宅建業法令和3年7月1日改正により、「常勤」とは「ITの活用等により適切な業務ができる体制を確保した上で、宅地建物取引業者の事務所以外において通常の勤務時間を勤務する場合を含む」とされた。

05 資格本番での対応

緊張を和らげる準備

▼試験本番に強くなるための秘訣は？

マンション管理士は毎年1回しか試験がない。筆者はマンション管理士の他、1年に1回しかない試験を多数受験し合格しているため、実際に試験の時に力を発揮できるように行った準備をいくつか提案したい。

◉健康管理

マンション管理士試験は11月の最後の日曜日が試験日となっており、季節は秋から冬に向かう頃である。季節の変わり目で体調を崩しやすい頃である。また、インフルエンザの流行期であり、罹患すると試験を棒に振りかねない一大事だ。1年に1度の試験の時に体調不良で本来の力を出せないのは非常にもったいない。試験の2週間前くらいからは自宅の温度湿度管理を綿密に行うことが肝要だ。また、必要な予防接種を受け、万全の体調で試験に臨めるよう準備するのが好ましい。

また、寝不足は免疫力を下げる。試験直前期に夜遅くまで勉強することは、体調面でリスクのある行為である。計画的な勉強が必要となる。

◉試験に慣れる

体調不良と同じように「極度の緊張」も本来の力を出すのに足を引っ張る可能性がある。反対に「適度な緊張」は試験本番での集中力を高め、問題を解くための力となると言われている。そのため、本来の力を発揮できるように試験に慣れておく必要がある。試験に慣れるために行うこととして、資格予備校が行っている模試がある。書店には自宅で受けられる模試も売っているが、予備校の模試であれば、会場に行き試験を受けるという一連の行為が体験できるため、大変に効果が高い。また、全国公開模試等であれば、全国の受験生の結果と自分の結果を比較することができるため、弱点の発見にも役に立つ。

◉試験当日の準備の練習

試験の準備といってもあまり大仰なものはない。せいぜい筆記用具と受験票、移動の時に使う参考書くらいなものなのだが、準備し始めると「内履きの用意」「当日のカバン」「鉛筆の準備」「受験票が見つからない」等意外と時間がかかることがある。そのため、受験票が届いたくらいのタイミングで一度持ち物を整理し、カバンにしまっておくことをお勧めする。

◉当日のランチ

試験当日はランチにも気を遣う。マンション管理士試験は例年午後1時からのため、いつも通りランチを12時頃に食べると試験中に睡魔が襲ってくる。また「試験に勝つ!」と思いながらトンカツ等の揚げ物を食べると、試験中にお腹が痛くなることがある。筆者は試験の時のランチはいつも、11時頃にコンビニで食べ慣れているあんパンと豆乳で軽く済ませるようにしていた。ちょっと物足りないくらいが丁度良く、試験後に「頑張ったご褒美」としてトッピング多めのラーメンを食べることが楽しみだったりする。

▼基礎知識を得るための資格

マンション管理士の試験に合格するためには様々な知識が必要である。もちろん参考書をもとに勉強することが一番の近道だが、合格に必要な知識を得るために効果的な試験がいくつかある。これらは先に触れた「管理業務主任者」のように問題が免除になるような、マンション管理士試験に直接的に影響を与える性質のものではないが、一定の効果が期待できるため紹介したい。

◉日商簿記検定試験3級

マンション管理士の試験には「マンション管理組合会計」に関する問題が例年1～2問出題される。主に「貸借対照表」及び「仕訳」に関する出題だが、これらは日商簿記検定試験3級の試験範囲に含まれている。簿記3級は他に「損益計算書」等の問題も出るため、試験範囲ではない勉強もすることにはなるのだが、簿記3級に合格できる知識を得ることができればほぼ1～2点もらえると考えれば、決して無駄な努力ではないのではと考える。なお、日商簿記は2級と1級もある。無論、昇級するごとに知識が増えていくが、マンション管理士試験対策や、実務上管理組合の会計監査を行ったり、決算書や貸借対照表を理解したりするくらいなら3級程度の知識で十分だ。2級以上となると合格するための勉強時間が長くなる。時間的余裕があれば目指しても良いが、マンション管理士試験合格のためであればいささか過剰と思われる。

◉ビジネス実務法務検定試験Ⓡ

マンション管理士等の法律系試験に初めて挑戦する方は、法律用語や法的思考に初めて触れる方も多いと思う。法律用語や法律的思考を学ぶのに打ってつけの試験が「ビジネス実務法務検定試験Ⓡ」である。この検定試験は「仕事における法律知識」を得ることが期待できる試験である。直接的な試験勉強とはならないが、法律知識の基礎固めとして利用できるものと思う。こちらも1級から3級まであるが、3級であれば難易度はそれほど難しくなく、合格率も高いのでチャレンジしてみるのも良いかもしれない。

マンション管理士試験に合格するために、他の試験勉強をするというのはいささか遠回りをしているように思われる方もいるかもしれない。ただ、長期にわたる資格試験の場合、他の資格試験に合格するというのは、自分の勉強の進捗を確認するためのマイルストーンの役割もある。簿記3級を合格していれば、マンション管理士試験の会計の1～2問については詳しい勉強をしなくても、過去問の確認だけできていれば、自信をもって回答できる。

また、この2つの試験は元々年2～3回受験日があったが、現在はCBT（Computer Based Testing）方式での試験対応であるため、受験のチャンスが多くある。勉強に向けた努力は、必ず血肉となる。短期合格を目指す方には合わない方法かもしれないが、最初から複数年かけて勉強するつもりであれば試してみて欲しい。

マンション管理士試験の「コツ」

試験に合格するためには広範な知識が必要不可欠であるが、マークシート試験にはちょっとしたコツがある。筆者は資格講師ではないが、マンション管理士をはじめ不動産関連の資格試験を受験した回数では人よりも多い自信がある。自身の経験から、巷でよく言われるコツについて、筆者なりの意見を述べてみたい。なお、これらはあくまで必勝法でもなんでもなく、気休め程度のものである。試験合格への近道は何よりも勉強であることは先に申し上げておく。

◉解きやすい問題から解答する

2時間の試験時間で50問の問題を解くということは、1問当たりの解答時間は2分30秒である。四肢あるため、1つの選択肢の正誤を判断する時間は1分を切る。また、近年の傾向として、選択肢の数が4以上あり、各肢の正誤の組み合わせや数を答えるいわゆる「個数問題」が多数出題されている。この場合はさらに解答時間が短くなる。そのためせっかく知識を蓄えても「時間切れ」になる可能性がある。そのため、問1から始めるのではなく、解きやすい問題から解答する。マンション管理士試験では「標準管理規約」の問題が解きやすいとされているため、標準管理規約の問題から解き始める受験生が多いらしい。筆者は会計に自信があったため、会計の問題を解いた後、標準管理規約の問題を解き、そのまま最後まで行った後、最初に戻るという順番で回答していた。

無論、マークシートであるため回答がずれてマークすることは致命的である。途中で気がついたとしても既にマークしているものを消し、マークし直す作業で大きなタイムロスとなる。順番を変えて回答する場合には、マークする場所を間違えないよう注意する必要がある。

◉正解肢の数について

これは有名な話だが、四肢択一の試験は正解の選択肢が1から4までほぼ均等に割り振られていることが多い。聞いた話では、マークシートを出鱈目に塗りつぶした場合に合格点に達しないようになるべく均等に割り振っているらしい。実は、マンション管理士及び管理業務主任者試験はごく最近まで各選択肢について正答を12～13問に割り振っていた。出鱈目塗りつぶし対策にはなるものの、ここまで綺麗に割り振っていると、別の試験対策ができる。例えば、50問中30問確実に得点できる自信があり、20問は自信のない、もしくはわからない問題だったとする。多くの受験生は、20問についてわからなくてもマークシートのチェックはつけるだろう。その場合、全くわからなくても20問中5問程度は正答する可能性がある。ただ、あらかじめ正答数が決まっているのであれば、自信のある解答の選択肢の数を数え、残りの20問を「一番自信のある解答数の少ない選択肢にチェック」することで、ランダムにチェックするよりも正答する可能性を確実に増やすことができる。

ちなみに、２０２３年度のマンション管理士試験について確認したところ、正答数がバラバラになっており、この方法の確実性は低くなっている。なぜ使えなくなっているのにこの方法を紹介したのか。それは筆者がそうだったのだが、なかなか試験に受からず、勉強に煮詰まってくると「必勝法のようなものがあるのではないか」と考え始める。その邪念が真摯に勉強する邪魔になるのだ。結局試験に合格するためには勉強しかないのに、反復練習が辛くつまらないため勉強から逃げてしまう。それでは合格できないのだ。どんなに辛くても合格の近道はいつでも「勉強」しかない。そのため、試験の抜け道などは探さずに、淡々と勉強して、苦手な問題を一つでも理解できるように勉強して欲しい。

Column

CASE 1 若いマンション管理士の時代が来る!?

マンション管理士試験の合格者の平均年齢は他の不動産資格試験よりも高い。令和４年度は47・８歳とのこと(表参照)。

無論これは資格試験の合格者の年齢であるため、マンション管理士としての開業者の年齢は更に高くなる。現在42歳(執筆当時)の筆者もマンション管理士の中ではかなり若い部類と言われているし、実際現時点の新潟県マンション管理士会の中では一番若い。

そのため、今後10年先のマンション管理のプレイヤーを考えた場合、マンション管理士が減り、マンション管理会社のフロントマンが減り、窓口清掃等を行う管理員が減った状況で、積み上がった解体されない高経年マンションを管理していくこととなる。

つまり、これからのマンション管理士は、能力もさることながら、業務を継続して行うことができることが期待される「若さ」が強みの1つになると筆者は考えている。

そのような話をすると「継続的な業務を期待するのであれば管理会社に仕事を任せる方が良いのでは」という反論も聞こえてきそうである。果たしてそうだろうか。筆者としての結論はノーである。

●マンション管理士試験の合格者は40～50代が多い

Ⅰ　年齢別

年齢	受験申込者数	受験者数	受験率	合格者数	合格率
～29歳	1,173(8.2%)	964(7.9%)	82.2%	101(7.2%)	10.5%
30～39歳	2,294(16.0%)	1,858(15.2%)	81.0%	270(19.3%)	14.5%
40～49歳	3,394(23.7%)	2,818(23.1%)	83.0%	380(27.1%)	13.5%
50～59歳	4,046(28.2%)	3,504(28.7%)	86.6%	398(28.4%)	11.4%
60歳～	3,435(24.0%)	3,065(25.1%)	89.2%	253(18.0%)	8.3%
合計	14,342(100.0%)	12,209(100.0%)	85.1%	1,402(100.0%)	11.5%

※合格者の平均年齢は、47.8歳で、最高年齢は85歳でした。

出典：公益財団法人マンション管理センター「令和4年度マンション管理士試験の結果について」(https://www.mankan.org/pdf/R04_goukakusyagaiyo.pdf)をもとに当社作成

なぜかというと、管理会社は担当フロントを変えたがるのだ。これは主に、属人的な管理にならないようにするための施策である。会社として考え方は理解できるが、管理組合からするとなかなか受け入れ難いものがあると聞く。せっかく自分達の組合のことを理解した担当フロントが別のマンションの担当になってしまう。フロント間の引き継ぎも行われるが、組合と考えや時間の考え方について相違がある。また忙しい中での引き継ぎで、抜けなども発生しやすい。無論、会社内で引き継ぎがシステム化されているのであればそのようなこともないのかもしれないが、筆者が聞く限りは「引き継ぎがシステム化されている」管理会社はないと思われる。

　またフロント業務の「引き継ぎ」が、同業務を行うために必要でないということも引き継ぎが期待できない理由の一つである。

　しかし、個人のマンション管理士と契約すれば、廃業しない限りはそのマンション管理士がずっと担当となる。5年10年と長く契約することで、マンションの考え方も理解し、仕事の仕方が馴染んでくる。過去経緯を理解していることで、先回りした提案や問題の把握の迅速化が図れる。当初は多少未熟な部分があったとしても、成長の伸び代と考えてもらえば契約に結びつくこともある。

　また、マンション管理士業務は顧問契約だけではない。監査の補助業務のような負担の少ない業務もあるし、マンション管理士会が行っている業務は詳細な研修もある。若く経験が少ないからといって尻込みするのではなく、果敢にマンション管理士活動にチャレンジして欲しい。

第2章

マンション管理士試験に合格したら［副業・兼業・独立開業］

06 合格即開業!? 仕事はできる?

▼マンション管理士の開業者は少ない?

第1章でも触れたとおり、マンション管理士試験の合格者の多くは、マンション管理会社の社員であり、マンション管理士事務所を開業している人は少ない。それならば開業マンション管理士はライバルが少ないブルーオーシャンかというとそんなことは全くなく、現実はむしろ過当競争のレッドオーシャンである。理由の一つは圧倒的な「需要不足」にある。

マンション管理士の一番の競合はもちろん「管理会社」である。国土交通省が実施したアンケートの結果、実に74・1%以上の方が「基幹事務を含め管理事務の全てをマンション管理業者に委託」しているという回答があった。「基幹事務以外の管理事務の一部又は全部をマンション管理業者に委託」を含めると84%となり、多くの分譲マンションが管理会社に管理委託している状況が確認できる(※1)。

実際、健全な管理会社が適切な管理を行っているマンションの場合、マンション管理士の出番はほとんどない。誤解を恐れずに言ってしまえば、マンション管理士が活躍する市場を管理会社に管理委託していない自主管理組合に限ってしまうと、活路はほぼ無いと言える。

食えないし活躍していないという状態のため、知識と経験が蓄積しない。価値提供ができないため、仕事の依頼がない、という負のループから抜け出せないでいる。というか、いま

※1 平成30年度マンション総合調査結果より。

まさに多くのマンション管理士はこのループにはまっているのだ。

では、この悪循環から抜け出した、一部のマンション管理士は、どのような方法でビジネスとして成功させているのか。

◉パターン1　大都市圏での開業

「マンション管理士」と検索すると、東京をはじめ大都市圏のマンション管理士事務所が多くヒットする。マンションの数は顧客の数であるため、地方都市よりもマンションの多い大都市圏での開業が有利にも思える。筆者は地方都市での開業であるため、その考え方については後述したい。

◉パターン2　事務所の拡大

マンション管理士が複数所属するマンション管理士事務所は、売上も大きくなるため、他士業との顧問契約やバックオフィスの充実等が可能となる。これはマンション管理士に限ったものでなく、一般的な考えとなるが、あえて一人士業で専門性を磨いたり、意識して事務所を拡大しない方式をとっていたり等、様々な考え方がある。

◉パターン3　業務の多角化

マンション管理士としての顧問契約は、長期契約となる場合もあるが、問題解決までの1～2年の短期間で終了する場合もある。そのため、顧問契約だけに頼らない事業の組み立てが必要となる。マンション管理を起点として特殊建築物定期調査や保険代理店、防火管理者代行等の周辺業務を受注し、安定経営を目指している事務所が多い。

◉パターン4　大規模マンションとの顧問契約

多くのマンション管理士は、顧問契約の金額をマンションの規模が大きくなる程高くなるように設定している。大規模マンションは中小規模のマンションにくらべ、管理の難易度が高いことが多く、得てして時間拘束も長いため、マンション管理士としては顧問料を高く設定したい。一方、マンション管理士に支払う顧問料の戸当たり負担が少なくなるため、契約してもらいやすくなる。

▼開業するなら大都市圏か？　地方都市か？

大都市圏と地方都市ではマンションの棟数も戸数も全く違う。一例として挙げると、東京都は約53,000棟200万戸に対して新潟県は約590棟6万戸である。

また、マンション管理士の数も都心の方がずっと多い。管理士会所属のマンション管理士数は東京都が389名、新潟県は25名である（2023年10月現在）。

マンション管理士の顧客の多くはマンション管理組合のため、ここだけ見れば都心の方が圧倒的に有利のように見えるが、果たしてそうなのだろうか。

筆者は、新潟県南蒲原郡田上町という人口1万人強の町で開業している。この町には分譲マンションはない。そんな状態でも仕事自体はコンスタントに入ってきている。なぜそんなことができているのだろうか。現在のインターネットが普及した世の中、あまり物理的な距離は関係なくなっているように思う。逆に、マンション管理の場合、トラブル等によりあまりアクセスがよすぎる位置に事務所があると、色々な弊害がある。例えば、顧問客が絶えず事務所に来て、茶飲み話をされるようなことがあれば、時間がいくらあっても足りなくなる。また、比較するのは少し違うかもしれないが、弁護士事務所は必ず入口にセキュリティシステムが付いており、勝手に入れないようになっている。弁護士は人の恨みを買う場合があるため、事務所への出入りは制限されていることが多い。マンション管理士も、マンションの問題解決の過程で人の恨みを買う場合がある。極端な話だが、管理組合の判断で「マンションに住めなくなる人」や「住めなくなったと考える人」が発生する可能性がある。住居を奪われた（もしくは奪われたと考える）人というのは大きな絶望感を抱き、突飛な行動をする可能性がある。自分の安全のため、ある程度の物理的距離は必要なのだ。

以上の理由により、マンションから距離があった方が良いという場面もある。今のところ、筆者自身は顧客との大きなトラブル等はないが、距離があった方が良いと考えている。

マンション管理会社も同様だが、理事会等のサービスもリモートで参加することができるようになってきた。

そのため、マンション管理士によっては、全国どこのマンションでも対応できるという方も出てきている。

筆者は、マンションは地域性も影響することから、地元の事情に精通した人間が関わった方が良い仕事ができると考えている。そのため、筆者は顧問契約については新潟県内に限定している。顧問契約の拡大を目指すようなマンション管理士であれば、全国対応を積極的に進めていくようになっていくものと思われる。筆者は地域性など懸念するものの、無知なマンション管理士に顧問を任せる方がずっとマンションの利益を害することになるのだから、この傾向を批判するわけではない。むしろ、今までの物理的な距離によるハードルが低くなったことによって、マンション管理士の可能性を広げることができる、ビジネスチャンスといえるのではないだろうか。

▼法人化？ 個人事業主？

筆者は、個人事業主としてマンション管理士事務所を開所している。開業時、法人化について少し調べたが、「定款の作成」や「開業時の費用」等の必要があるうえに、準備のための時間も必要であった。また、業務を行うために法人化する必要は全くないため、当面は個人事業主で十分だと考え個人事業主を選択した。ちなみに、他のマンション管理士も多数が個人事務所を開所している。

法人化するメリットはあるのか。

個人事業主と会社組織との大きな違いは、税金関係にあると思う。

2023年10月からインボイスが始まり、個人事業主として小さく経営していこうという方針であっても、消費税を支払わなければならなくなった。

このまま順調に事業を拡大すれば、法人化をして事務員を雇う等の選択肢も出てくるだろうが、現在の業務体系であれば、事務処理を外部業者に委託することも可能であるため、法人化のメリットは少ないと考えている。

ただし、他の事業も行う場合には、法人化をして、大企業との取引をする際には、信用上の優位性もあるため、積極的に検討していきたいと思う。

また、自治体によっては「法人として新規事業を立ち上げると補助金がもらえる」こともある。これは個人と法人とで明確に違いがあるため、開業の検討段階で確認されたい。

▼地方開業マンション管理士に仕事はあるのか？

第1章で触れた通り、マンション管理士として開業しただけで仕事が舞い込むということはまず考えられない。多くの管理組合が管理会社に委託をして管理事務が行われている中で、マンション管理に関する問題が発生した際に、理事役員が能動的に外部専門家を探した時に初めて「マンション管理士」という仕事を知るという方が多数を

●マンション管理士として活動する事務所について

●事務所の形態については、個人事務所が77.1%、会社組織、NPO法人、一般社団法人・一般財団法人といった組織で活動するマンション管理士は21.6%となっている。
●事務所に所属するマンション管理士の人数は、1人（本人のみ）が75.8%、11人以上という回答が4.4%となっている。

※【問：マンション管理士としての現在の活動状況】で「本業として活動を行っている」を選択した者のうち、事務所がある旨を回答した者のみ回答

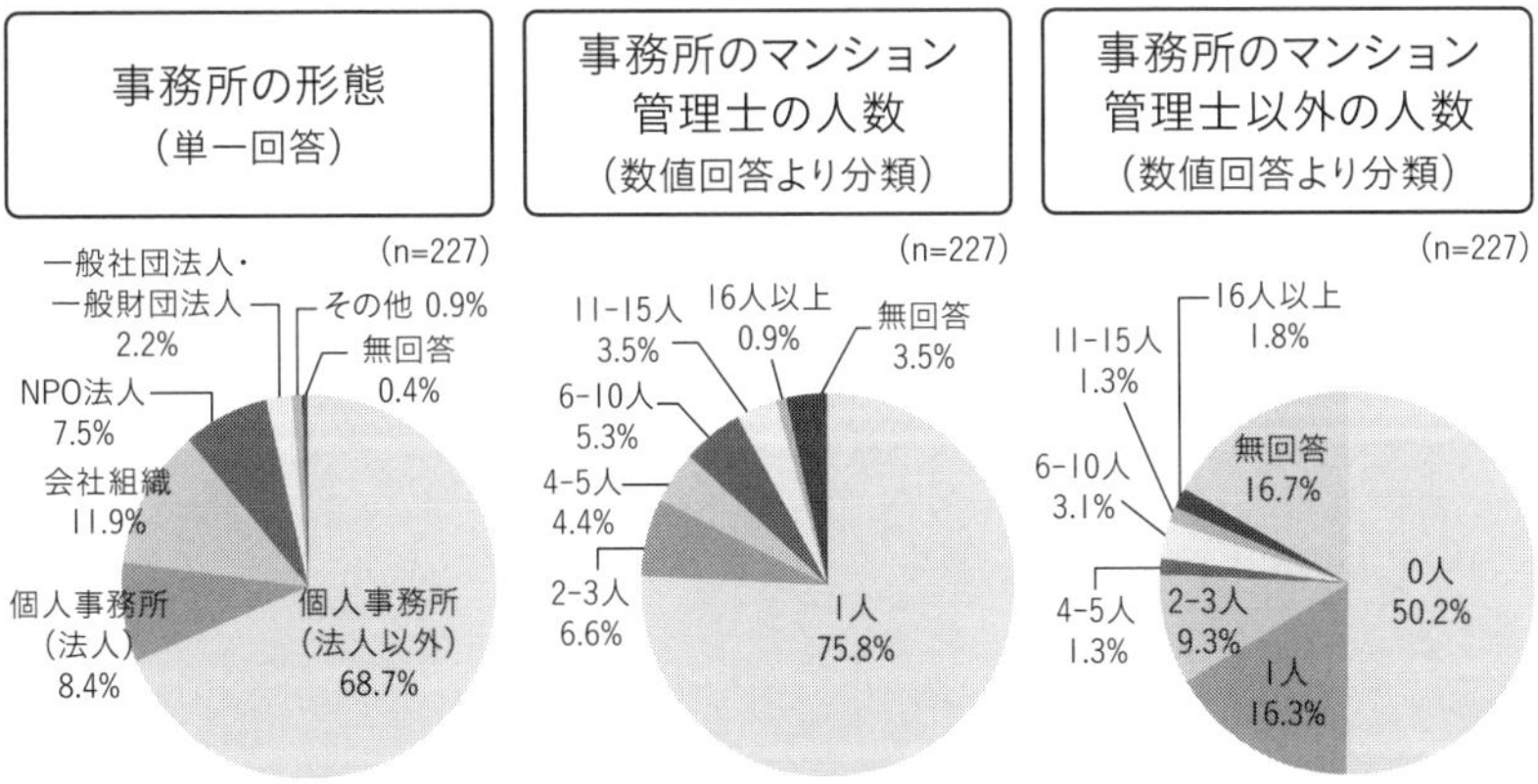

出典：公益財団法人マンション管理センター「マンション管理士の業務についてのアンケート調査結果の概要」(http://www.mankan.org./pdf/chosa02.pdf)をもとに当社作成

占めるような認知度の仕事である。一定の意思決定に対し「セカンドオピニオン」としての役割を期待される場合も多く、絶対に必要な仕事でないため、その有用性がわかりにくく面談等は多いが、依頼まで結びつかないことも多い。繰り返しになるが、地方ではマンション数が少ないため、都市部に比べ絶対顧客数も少ない。しかし、ありがたいことに筆者は仕事の相談や契約が順調に増えてきている。依頼内容も、自主管理マンションの顧問契約や管理規約の改正、理事長のなり手不足のマンションの外部役員への就任等と多岐にわたる。

つまり、マンションの多寡はあるものの、役員の高齢化等の問題はどのマンションにも平等に起こっているものであり、マンション管理士のニーズはあるのだ。ただ、その相談に乗り、問題解決を行えるか、または支払う顧問料に見合う結果を出せるかどうかが重要である。

過去には、マンションの管理状況をチェックし、管理会社の些細なミスを粗探しし、それを契機に管理組合の不安を煽りリプレイス（※2）を行い、管理組合だけでなく、新しい管理会社からも成功報酬として手数料を支払わせるようなマンション管理士もいたらしい。

こういったやり方は、仕事がないからといって、マンション管理会社と信頼の元協力をして、順調に管理をしているマンションに対して、わざわざ外野から不安や不信を煽るようなことであり、筆者はあまり好ましくないものと考えている。

このようなマンション管理士は多くの場合、変更時の手数料こそが目的であるため、「現管理会社との関係修復」や「コスト検討」もせずに管理会社変更を煽る。ただ今の管理会社が良くないと殊更に強調し、マンション内の雰囲気を変えていく。マンション管理会社の変更は標準管理規約上「普通決議（※3）」で変更が可能であるため、マンション内の声の大き

※2　交換や取り替えという意味だが、マンション管理業界では主に管理会社を変更することを指す。

※3　議決権総数の半数以上を有する組合員が出席した総会で、出席組合員の議決権の過半数で決する。標準管理規約第48条第14号参照。

い人の意見により存外簡単に変更されてしまう場合もある。

管理会社からは目の敵にされ、管理組合からも変更後の管理会社の質も考えず、アフターフォローもせずに転々としているようなマンション管理士の話も見聞きしている。同じマンション管理士として恥ずかしい。

現在、管理会社や意識の高い理事役員等、マンション管理に関するプレイヤーがどんどん少なくなっているため、マンション管理士の利用を地方公共団体や管理組合が選択して行くということになっていくのではないだろうか。

マンション管理士はスモールスタート、副業には最適！

これは副業全般に対してだが「副業はスモールスタートが良い」と言われる。マンション管理士は自宅開業が可能であり、初期費用もほとんどかからない。今正社員であっても、社内規則で副業が可能であればすぐにでも開業が可能である。また初期費用も少ないため撤退もしやすい。開業は向き不向きがあるため「お試し開業」して難しそうであればさっさと辞めてしまうということも可能だ。

なお、自宅開業は可能であるものの、個人的にはあまりお勧めしない。その理由は先の項で説明した通りセキュリティの面である。

実際に筆者がかかった初期費用を確認してみたが、自宅の近所に購入し、倉庫代わりに使っていた古屋に簡単な内装工事を行い、事務所として使えるようにするための費用が50万円程かかったのみである。もし事務所を賃貸で準備するのであればイニシャルコストはもっと抑えられるかもしれない。マンション管理士会に支払う会費や保険料も年間数万円程度であるため、大きな負担にはならない。パソコンは以前から所有していたもののうち一台を事業用とした。個人事業主での開業であれば税務署に開業届を持っていくだけで手軽に始められる。

ランニングコストは事務所の光熱費、インターネット費用、ガソリン代と高速料金、ホームページ維持費、業界紙の購読料とマンション管理士会の年会費及び保険料位である。月額で考えると3万円程度である。事務所を賃貸する場合はここに賃料がかかってくる。

自宅開業にするのであれば、これからさらに費用を減らすことができるため、まったくのゼロとは言い切れないが、ごくごく少額での開業が可能と思われる。初期費用もそうだが、ランニングコストについても相当に少ない。原価がかかるような商売ではないため、売上のほとんどが利益となる。

そのため、マンション管理に関する知識と、業務の時間が確保できればそれだけでマンション管理士としての仕事が可能となる。

筆者の場合も、結果としてマンション管理士の他「兼業」という形で様々な仕事を行っているし、地方のマンション管理士の多くは兼業や副業としてマンション管理士業を行っているため、決して珍しいものではない。自分の天職は簡単に見つかるものではないため、とにかく行動量を増やしてトライ&エラーするほかないように思う。

マンション管理士会って入会すべき？

全国には都道府県毎に「マンション管理士会」という組織がある。マンション管理士の集まりであるが、上部組織である「一般社団法人日本マンション管理士会連合会（以下「日管連」）」では様々な会員のフォロー等があるため、マンション管理士会への入会メリットは非常に大きく、積極的に入会すべきであると筆者は考えている。具体的なメリットとして「ベテランマンション管理士と交流できる」「マンション管理士賠償責任保険に加入できる」「業務斡旋」が挙げられる。一つ一つ確認していきたい。

なお、筆者は執筆時点で一般社団法人新潟県マンション管理士会の理事という立場であるため、若干のバイアスがあるかもしれないということはあらかじめ申し添えておく。それを加味して検討して欲しい。

◉ベテランマンション管理士と交流できる

開業した時に、どのように業務を行っていくかを相談できる人をどのように作っていくか日処が立たない場合、まずマンション管理士会に入会することで、諸先輩方とのネットワークを作ることができる。他に相談できる先がない場合、まずはマンション管理士会に入会して人とのつながりを作っていくことを推奨する。他士業の場合は、廃業に伴う引き継ぎ等が発生することもあるらしい。マンション管理士でそのようなことが起こるのかは見聞きしたことがないため不明だが、敵よりも味方を増やしておくに越したことはないと思う。

◉マンション管理士賠償責任保険に加入できる

個人的に一番のメリットと考えているのがこの保険である。マンション管理士賠償責任保険は、個人事業主として業務する場合に、万が一の事故や業務上のミス等により、管理組合に損害を発生させてしまった場合に、保証ができる手立てである。掛け金も数プランあって、業務内容により選択できるため、非常に有用である。

もちろん保険事故は起こさないに越したことはないが、管理会社であれば何かミス等が発生した場合にも対応してもらえるだろうという期待は思いのほか外れやすい。

ならばいっそ、マンション管理士賠償責任保険に入っているマンション管理士の方が、わかりやすく保険で対応してもらえる可能性がある。ぜひマンション管理士を選定する際には、同保険の加入状況を確認することをお勧めする。また管理士会からの業務斡旋は本保険の付保（保険契約を締結すること）が条件であったりする。

最近、高経年マンションの外部理事長についての営業を行った際、この保険の説明をしたところ理事長から大変に喜ばれたことがあった。理事長の責任というのは重く、できることならば回避したいというのが本音なのだろう。無論、そのような重い責任を負うのはマンション管理士であっても緊張するものである。しかし、それこそがマンション管理士としてのやりがいでもあると筆者は考えている。

◉業務斡旋

管理組合の方は、マンション管理士にアプローチする場合にまず各都道府県のマンション管理士会に連絡をとってくる場合がある。その場合、各県会のルールもあるだろうが、会員に斡旋される場合がある。仕事が一つでも欲しい時期に、向こうから話が来るというのは非常にありがたいものである。

また、「適正化診断サービスの診断実施」「マンションADR®」「管理計画認定制度の事前確認」等マンション管理士会に所属しているマンション管理士のみが行うことができる業務がある。各業務の詳細については第3章で説明したい。

この他、マンション管理士会に加入することで「会務」が発生する場合もある。役員でなければ主な会務は相談会の参加等になると思われる。相談会を通じて管理組合とのつながりができることもあるため、営業の一環として考えることもできる。積極的に参加することを推奨する。

07 実務を覚える！ 仕事はこうして学べ！

マンションとの接点はあるか？

前項までで話をしてきた内容は、主に費用面や準備等の内容を語っているため、マンション管理士としてのハードルは非常に低いのではないかという趣旨の書き方をしてきた。翻って、マンション管理士試験に合格したらすぐに、管理組合に対し価値提供となるような業務処理ができるかというと、なかなか難しいのではないかと考えている。実際、マンション管理士として業務にあたっていると、マンション管理士試験合格に必要な知識と、管理組合が求めている業務は乖離しているのではと思える事態に直面することが多い。

例えば理事役員から「修繕積立金を改定したいが組合員の賛成が得られないためどのようにしたら良いか?」と質問された場合に、マンション管理士としてどのようなアドバイスができるのだろうか。また、この質問に回答するために、どのような内容を聞き取れば良いのか想像できるだろうか。

マンションを所有し、理事役員の経験があったり、管理会社での勤務経験があったりすれば、それほど難しいことでは無いのだが、全くマンションとの接点がないマンション管理士では試験勉強の知識だけでこのような相談に対応できるかというと難しいと思われる。

実際、聞いた話では、実務経験がないマンション管理士が、あるマンション管理組合と顧問契約を締結したのだが、全く役に立たずに単年で契約解除になったという事例もある。マンション管理士資格を取得しても、それはまだやっとスタートラインに立っただけであり、その後管理組合の役に立つアドバイスができるようになるためには、まずは何としてでもマンション管理の実務を知る必要があると思う。

実務を知る方法で最も効果的なのは「マンション管理会社に勤務する」ことだ。管理会社でフロントマンを2年程度経験することで、理事会の進め方を知ることができるし、多数のマンションの総会議案書を目にすることができる。何より、マンションの「多様性」に触れることで、参考書に書かれた内容を棒読みするような通り一遍のアドバイスでなく、合意形成に至る生きたアドバイスができるようになるだろう。マンション管理会社に勤務することができない場合にはどのようにマンション管理の実務に関する知識を得ることができるのだろうか。

例えば、実務を知っているマンション管理士の仕事に同行をお願いするというのはどうだろうか。他の士業の方を見ていると、経験豊富な事務所で修行しているようなこともあるようなので、マンション管理士もそのような協力ができれば若いマンション管理士も育つ地盤ができるかもしれない。ただ、食えない資格の代表格のマンション管理士であるため、他の事務所でアルバイト等を行うのは、地方都市では難しいかもしれないが。

▼区分所有者であれば有利？

既にマンションを所有している区分所有者が「マンション管理士」として活動することは、そうでないマンション管理士と比べ、非常に有利な側面が多く存在する。マンション管理の進め方、管理会社との関係を過去の議案書等の総会資料から検討することができる。また、管理会社の管理事務も直接見ることができる。

また、実際に理事として活動した経験があるのであれば、マンション管理士という目線だけでなく、理事としての目線

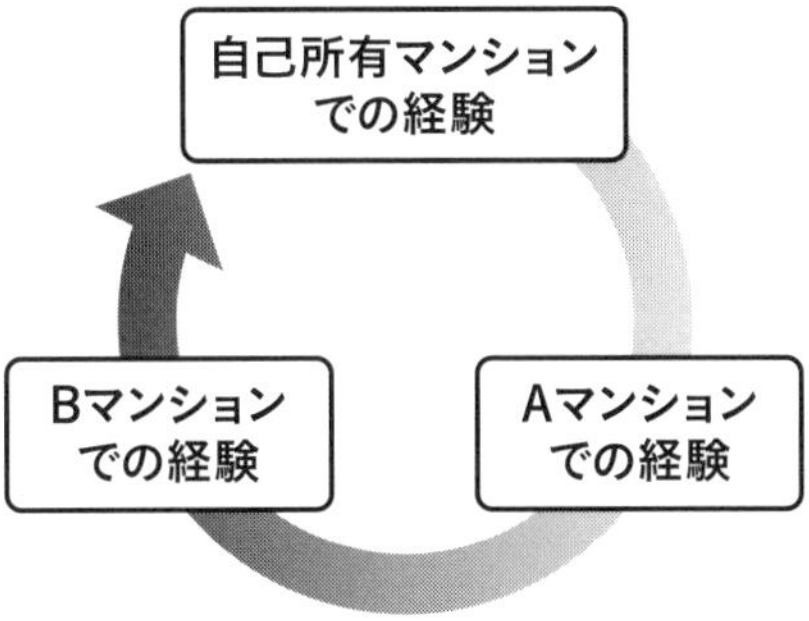

が加わり、どのようなサポートが必要か、実際の経験を通じてアドバイスすることができる。これは多くのマンション管理士は持っていない視点であり、大きな強みとなる。また、理事会に多く参加することで、ファシリテーター（※1）としての役割も果たすことが期待される。

マンション管理業界に長く仕事をしていると時折忘れそうになるが、マンション管理や管理組合の仕組みは一般の人には馴染みが薄く、区分所有者でもあまり理解せずに管理会社にお任せしている人も多い。区分所有者自身が、積極的に所有マンションの管理運営に関わることで様々な問題を発見し、その知見をマンション管理士として他のマンションで発揮する。そのマンション管理士としての経験をまた所有マンションの管理に活かすという「好循環」が生まれる事が期待できる。

「議案書」にふれる

議案書とは、マンションの総会で審議する議案が書かれたものである。通常総会であれば決算書や予算案等が記載されており、この内容を元に総会で審議する。管理会社のフロントマンをしていると、嫌というほど見るマンションの議案書だが、マンションとの接点がない、開業直後のマンション管理士にとっては、なかなか目にすることは少ないだろう。

議案書は、どこかで配布しているわけではなく、管理会社が売買のために配布している重要事項調査報告書の内容にも含まれていない場合が多い。

そのため、議案書を入手して確認することは意外と困難であったりするが、インターネット

※1　会議を円滑に進めるための司会。

上に無料で公開している管理組合があったり、管理会社が雛形として公開していたりするため、勉強のためにいくつか集めて、見比べておくことが肝要だ。

というのも、議案書には国土交通省が定めた「雛形」があるわけではない。管理規約には「標準管理規約」が、長期修繕計画には「長期修繕計画標準様式」（※2）が国土交通省から雛形として提示されているが、議案書や決算書には雛形はない。

そのため、各管理組合が自由に作成している。管理会社と管理委託契約を締結しているマンションであれば、その会社毎の雛形があるし、見方に疑問があっても管理会社の担当者に確認することで多くの場合納得する回答がある。しかし、自主管理組合だと一筋縄で行かない場合もある。内容を確認していく過程で疑問点が出ても、「過去からこのようになっている」「輪番だからわからない」「前の役員は高齢で引き継ぎされていない」等様々な理由で解決されない場合がある。疑問点を解決せずそのままにしておくと、後から大きな問題となることもある。

様々なマンションの議案書を多く目を通し経験を積むことで、問題の解決方法を提案できるようになっていく。議案書を読み、疑問点を洗い出し、想定問答を考えておくことで、理事会等で役に立てるようになっていくものと思われる。

※2　国土交通省「マンション管理について」
https://www.mlit.go.jp/jutakukentiku/house/jutakukentiku_house_tk5_000052.html

08 マンション管理士業務の基礎と応用

考え方と価値

基本は何もしない!? 第三者性とは!

理事会でのマンション管理士の振る舞いだが、何よりも「議事の邪魔をしない」というのが基本であると考える。議事の途中で思いついたことを、他理事との打ち合わせもなく発してしまう、役員同士の議論をどちらかにだけ加勢する、といったことは避けるべきである。

マンション管理士の性質に「第三者性」というものがある。

国土交通省「今後のマンション政策のあり方に関する検討会　とりまとめ」によると、「特に、管理会社に属さないマンション管理士は、その専門性に加えて、第三者性・中立性に特徴を有しており、今後管理組合においてニーズが発生しうる大規模マンションにおける会計監査や管理業者が管理者となる場合における監事への就任、高齢化に伴う理事会の支援業務などの業務では、これらのマンション管理士の第三者性の発揮が期待されると考えられる」（※1）と書かれている。

具体的には管理組合と管理会社、または役員同士の間に中立の立場で話を聞き、議論を整理する役割である。

この役割、一見全く何もしないように見えるかもしれない。実際に理事会や総会に出席したものの、終始相槌を打つだけで終わってしまうこともあるが、これでも非常に重要な役割

※1　国土交通省「今後のマンション政策のあり方に関する検討会　とりまとめ」（https://www.mlit.go.jp/jutakukentiku/house/content/001624179.pdf）

だと考えている。

管理組合と管理会社が相対して話し合いを行っているときには、得てして対決姿勢になりやすい。例えば管理会社が設備点検した結果、修繕箇所が発生したため管理組合に対し工事を提案したとする。極端な例だが、管理会社は「利益を得たい」「安全を最優先し不良箇所は速やかに修繕して欲しい」という思惑がある一方、管理組合としては「なるべく費用を安く抑えたい」「他の優先工事があるため、本提案を先送りしたい」と全く反対の考えを持っていたりする。本来は、協力し合い、マンションをより良い管理に導いていく必要があるのだが、どうしても管理組合と管理会社とで考えが相反することが発生する。この場合、どちらが正しいかを決める際、当人同士では意見を戦わせるだけではなく、利益関係のない第三者として中立的な立場で専門的意見をアドバイスできるのがマンション管理士である。具体的なアドバイスとしてそれぞれの意見の正当性の確認の他、「低廉な修繕方法で延命する方法の検討、提案」や「他の支出項目の優先順位の見直し」等別の折衷案の提案を行い、より良い議論を行うことができる。

普段は「置き物」であったとしても、いざという時に適切な発言を行うことができれば、マンション管理士の「存在」によって場に影響を与えていくことにもなっていく。「何もしなかった」と「役に立たなかった」はイコールではないと考えるべきである。

仕事の基本は「傾聴」

「傾聴」とは人の話を聞くことである。ただ聞くのではなく、相手の話に共感し、理解しながら聞いていく方法である。管理組合や理事役員には様々な悩みがある。マンション管理士はその悩みを丁寧に聞き取り、解決に結びつくアドバイスやヒントを与えることを期待されている。

たかが人の話を聞くだけと思われる方もいると思うが、この傾聴は、実は苦手な人が多い。ついつい人の話を遮ってしまう、聞かれてもいないのに自分の意見を言ってしまう、悩みを聞き出せない等。

マンション管理士の仕事はまずは相手からの悩みを引き出さないと始まらないため、とにかく傾聴はできるようにトレーニングしておきたい。筆者なりの傾聴のコツを書き記したい。

◉相手の言ったことをそのままオウム返しする

相手が喋っている時はとにかくずっと相槌を打ちながら話を聞き、途切れた時に聞いていた内容を復唱する。こうすることで、相手方はこちらが「話を理解している」と思ってもらうことができる。

例：

相談者「〜ということがあって困っています。」

管理士「〜ということがあってお悩みなのですね。」

◉メモを取る

人の話を聞き、理解することとその話の内容を「記録する」ことを同時に行うのは慣れていないと難しい。特に、自分が多く話さなければならない場合は余計難しくなる。マンションのフロントマンであれば、理事会や総会の議事録作成のために「喋りながらメモを取る」能力が備わっている人も多いが、慣れていないと難しい人もいる。

筆者も、話を聞きながらメモを取ることが苦手であったが「会話劇のドラマや映画を見ながら議事録を作る」等練習をしてなんとかできるようになった。

◉聞き取れなかったら聞き返す

言葉の聞き取りができなかった場合には、きちんと聞き返すことが必要だ。会話を続けることが目的なのであれば、いちいち言葉尻を確認しながら会話するより知ったかぶりしながら相槌を打つだけの方が、実はスムーズに進む。ただそれで良いのは日常会話の場合だけだ。マンション管理の仕事場では、聞き間違いや勘違いは致命的である。一つの言葉の聞き間違いで肯定と否定がひっくり返ることもあるため、聞き取れなければ必ず確認することだ。言葉が聞き取れないのは何も自分のせいとは限らず、相手の滑舌に問題がある場合だってある。また、鼻が詰まると耳が聞こえにくいという症状も出るため、いつも同じパフォーマンスで聞き取りができるとは限らないのだ。

もし聞き取りに不安がある場合は、相手方に対してあらかじめ、「本日お話を聞かせて頂きますが、言葉の間違い等があると問題となる場合がありますので、聞き取りにくい部分がありましたら聞き返しさせていただきますことをご了承下さい。」と伝えておくことをお勧めする。

なんでもそうだが、あらかじめ断っておけば「そういうものか」と納得してもらえることが多い。稀にではあるが、相談者の中には会話のプロだからと勝手に自分が気分よく話ができるという気持ちを持っている人もいる。勘違いしたまま相談を受けると、途中で相手方の気分を害することもあるため、前もって話をしておくことが効果的だ。

▼自分の考えを押し付けるのはＮＧ

稀に他のマンション管理士の仕事を見る機会があるが、強い違和感を抱くのが「絶対」や「こうしなければ駄目」と自分の意見を強く押し付けるような助言をしていることだ。

マンション管理の場面で「絶対」が出てくることは極々限られている。どんな規定にも例外規定があるし、今は禁止、制限されていることであっても「時間」や「お金」を使えば解決できる問題も多い。また、悩みの解決方法も無数にある。長い経験の中から成功例を出したのであったとしても、解決の方法として「こうしなければ駄目」ということはほとんどない。

マンション毎に管理規約も使用細則も文化も区分所有者の構成も全く違う。過去の成功事例がピタリと当てはまり、その方法だけが唯一の正解だなんてことこそ「絶対」にないのだ。解決のために必要な道を「絶対」等と軽々しく言ってしまって閉ざしてしまうことは得策ではない。仮にもマンション管理士として、マンションの専門家の立場で相談業務にあたるのならば、法律を指し示すだけの手抜きのようなやり口や、過去の狭い経験則だけで語るようなことは控えた方が良いと筆者は考える。

これと同じ文脈で使ってはいけない言葉がある。それが「普通」や「常識」である。マンションの中は「管理規約」や「使用細則」等で独特のルールを作ることが許される世界である。一見すると常識から外れているように思える規定やルールがあったとしても、正式な手続きを踏み明文化されていればそのマンションの中では常識となるのだ。その規定ができた経緯や苦悩を知ろうともせず「標準管理規約と違うので修正したほうがよい」等のアドバイスは的外れもいいところである。もし理解が追いつかないような規定があった場合には、頭ごなしに否定するのではなく、是非ともその規定を作った背景等を確認してほしい。

ポイントは「ケンカになる前に沈静化する」

理事会、総会をはじめ、マンション管理に感情を持ち込ませると大体こじれる。前項の通り「マンション管理に絶対はない」ため、程度はともあれ各当事者の主張を全て取り入れることは難しく、濃淡はともあれ意思決定のどこかで「妥協」が発生する。この妥協を受け入れるか否かは当事者の気持ち一つで変わっていくため、意思決定の過程でいかに当事者間の感情的な対立を引き起こさないかに注意して行動すれば、理事会総会共に運営をスムーズに進めることができる。そのためにできることはどのようなものがあるか、列挙していきたい。

◉空腹時に会議を開かない

空腹は人をイライラさせる。そのため、会議の時間帯を昼食前や夕食前に設定しない工夫も効果的である。マンションの理事会の開会時間を見ていると、午前中であれば9時、午後であれば13時、夕食後19時が多いように感じる。会議運営が上手くいっていないと感じる場合は、意識してみるのも良いかもしれない。

◉多数決で決める癖をつける

理事会や総会の場では、基本的には「多数決」で決議していく。標準管理規約上では理事会での議事は出席理事の過半数で決し（※2）、総会での議事は普通決議の場合は出席組合員の過半数（※3）、特別決議は組合員総数の4分の3以上及び議決権総数の4分の3以上で決する（※4）。

総会については規約に則り粛々と議事を進めることが多いだろうが、理事会については理事役員の「全会一致」を目指すことも多いため、多数決で決しているという意識が疎かになることもある。この場合、理事間での意見調整を行う際に「全員が納得するまで話し合う」という難しい選択をしているマンションを多く見かける。時間は有限であるため、ある程度の落とし所で時間いっぱいにしないと議事を全て審議できなくなってしまう。無論、全会一致を目指すことは重要だが、一定のルールを決めておかないと、理事の関心やこだわりの大小により議事にムラが出てしまう。そのため、制限時間等を設定したり、必要に応じて専門委員会を設置して検討させたりする等の工夫が必要となる。このプロセスを経た上で、最後

※2　標準管理規約第53条参照。

※3　標準管理規約第47条2項参照。

※4　標準管理規約第47条3項参照。

は「恨みっこなし」の多数決で議事を決するという流れを採っていることを意識してもらうことが、安定した理事会運営には重要であると考える。

◉火種は小さいうちに対処する

マンション管理に長年携わっていると、クレームやもめ事の類いによく出くわす。そして、上司や理事会にもめ事の経緯等を確認し報告するという業務が相当数ある。報告書を作っている時に思うのが、「あの件には頭を突っ込むな」といわれるようなこじれきった問題でも、大抵は「人間関係のすれ違い」から端を発しているということだ。「言葉遣いが気に入らない」「お土産をあげたのにお礼もなかった」「管理員から無視された」等様々である。これをつまらないことと放置していると、大きく燃え広がりいずれ自分の足元を焦がすことになる。

このような問題を見かけた時には初動が肝心だ。解決には至らないかもしれないが、とにかく行動し、その行動を記録しておく。最初は面倒と思うかもしれないが、その後大問題となった例をいくつか見ていると、最初にかける労力などわずかであるとわかるはずだ。

少し細かすぎる部分もあるかもと思うが、意思決定の質を高めるための気配りと考えていただければと思う。

09 独立開業！　現実は甘くない？

「食えないマンション管理士」の生き方

▼独立開業に必要なモノ・お金

独立開業にどうしても必要な物はない。自宅開業でも構わないのであれば事務所も必須ではなく、先行投資しなければならないものもほとんどない。コピーは頻度が多くなければコンビニで十分であり、ＦＡＸも今の時代、ほとんどの場合不要である。筆者も、固定電話やＦＡＸなどは事務所に置いておらず、携帯とメール等で事足りている。

一方で、お金についてはまとまった額を手元に置いておく必要がある。個人事業主となると、今まで会社が行っていた社会保険料の支払い等の手続きを自分で行う必要が出てくる。また、弁護士への法律相談やパソコンの故障等、いざとなった時に現金が無くて対応できないということでは仕事にならない。もちろん、クレジットカードで対応できたりもするが、現金として手元にいくらか用意しておく方が安心である。

準備する「モノ」はそれほど多くないが、強いて言えば「覚悟」が必要かもしれない。サラリーマンであればミスをしても上司が謝ってくれたり、社内の始末書を書けばお咎めなしとなったりするかもしれない。しかし、自分で商売をするということは、ミスをしたり、そのことにより顧客が損害を被ったりすれば、その責任を負うことになるということだ。状況が悪ければ損害賠償請求や訴訟ということもあり得る。サラリーマン時代と違い、誰も守ってくれない。前述したマンション管理士損害賠償保険で備えることもできるが、あくまで金銭的な解決のみである。信用、評判は保険では解決されない。

▼独立後の年収は？

一念発起して独立しても、すぐにマンション管理士で食っていける訳ではない。公益財団法人マンション管理センターが実施したアンケートでは、マンション管理士を「本業」として活動している者の実に47・9％の方が1年間の年間売上高が100万円未満と回答されている。

「売上」であるため、この100万円から事務所の賃料や光熱費等が引かれ、利益として手元に残るのは更に減るものと思われる。当然、このマンション管理士としての収入のみで生活できるレベルではないものと想像する。本業として行っていると回答しているのにこの金額とは、あまりにも淋しい結果である。

筆者は多数の紹介により、開業1年でマンション

●マンション管理士としての業務に伴う過去1年間の年間売上高（単一回答）

●マンション管理士を本業として活動を行っている者について、マンション管理士としての業務に伴う過去1年間の年間売上高は、400万円以上が18.8%、100万円以上400万円未満が30.4%、100万円未満が37.3%となっている。

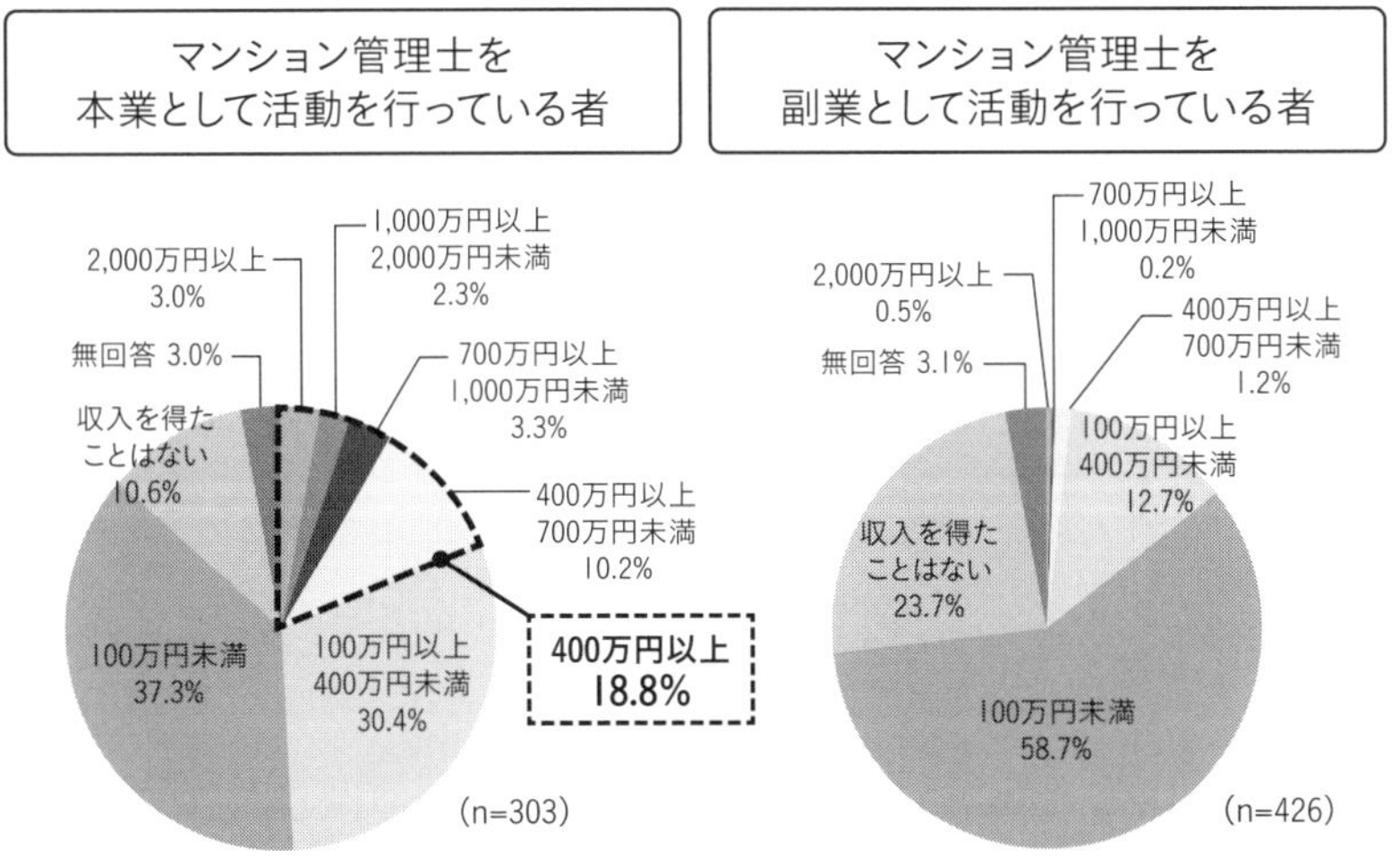

出典：公益財団法人マンション管理センター「マンション管理士の業務についてのアンケート調査結果の概要」（http://www.mankan.org./pdf/chosa02.pdf）をもとに当社作成

管理士としての利益が100万円を超えることができた。他の収入と合わせれば、サラリーマンの平均年収位は稼げていると思う。他に多額の金融資産があったり、不労所得があったりするような環境でないのであれば、独立してすぐに安定した収入を稼ぐことはほぼ不可能である。マンション管理士として開業する際には、念入りに事業計画を考えてからでも決して遅くないと、筆者は考える。

▼独立準備は何をする?

マンション管理士として独立開業したいと思ったら、どのような準備を行えば良いか。実体験を交えお話ししたい。

◉家族への説明

最初に行うのは「家族への説明」だ。家庭事情によっては「説得」や「お伺い」になるのかもしれないが、これは避けては通れない。独立したいという気持ちがあったとしても、前述した通り、マンション管理士は試験に合格すればある程度収入が見込めるような性質のものでない。ましてや正社員のような安定した職業ではない。後ろ向きの気持ちで独立したとしても、良いマンション管理士にはなれない。安定した収入を得るために時間がかかるかもしれない。その仕事を始めるためには、何より家族の理解が必要となる。

◉資金計画

いくら「マンションに関する諸問題を解決する」という崇高な意志がありマンション管理士として独立したとしても、収入がなければ食べてはいけない。再三お伝えしているように、マンション管理士は開業すればお客様が長蛇の列を作るような商売ではなく、仕事を探すことから始めなければならない。そのため、開業前に仕事が軌道に乗るまでのあいだ、どのように生活していくか計画を立てる必要がある。

資金計画の作り方について、マンション管理士として開業したいと考えている多くの方は、マンションの会計資料等を飽きるほど見ていることが多いと思われるため、筆者が語るまでもないと思うが、参考のため筆者が開業した時の資金計画表を公表したい。

今考えると「よくこのくらいの準備で開業しようとしたものだ」と呆れてしまうが、筆者も当時は悩んだ末の判断であったのでお許しいただきたい。ただ、簡易であっても、このような計画表を作って内容を確認しておくというのは必要であると考える。例えば仕事が上手くいかない、もしくは営業に行き詰まった時にはこの当初計画に立ち戻って考えるのである。働いていくうちに起業当時の気持ちはだんだんと薄れていくものだ。どのような考えで業務を行っていくと考えたのか、勝算はなんだったのか、正社員を辞めてまでやりたいこととはなんだったのか。事業計画表にしたためておけばその当時の気持ちを思い出せるため お勧めである。

●筆者作成「2022年資金計画表」及び「将来の事業計画表」

2022年　資金計画	1月	2月	3月	4月	5月	6月	7月	8月	9月	10月	11月	12月	年計
収入													
自己資金								3,000,000					3,000,000
借入													
A社(管理会社コンサル)								150,000	150,000	150,000	150,000	150,000	750,000
B組合(顧問契約)								30,000	30,000	30,000	30,000	30,000	150,000
その他(スポット業務)								20,000	20,000	20,000	20,000	20,000	100,000
不動産業補助								60,000	60,000	60,000	60,000	60,000	300,000
収入計	0	0	0	0	0	0	0	3,260,000	260,000	260,000	260,000	260,000	4,300,000
支出													
事務所改装								330,000					330,000
ガソリン代								30,000	30,000	30,000	30,000	30,000	150,000
事務所光熱費								10,000	10,000	10,000	10,000	10,000	50,000
事務所インターネット								5,000	5,000	5,000	5,000	5,000	25,000
マン管損害賠償責任保険								20,000					20,000
支出計	0	0	0	0	0	0	0	395,000	45,000	45,000	45,000	45,000	575,000
月計	0	0	0	0	0	0	0	2,865,000	215,000	215,000	215,000	215,000	3,725,000
残高	0	0	0	0	0	0	0	2,865,000	3,080,000	3,295,000	3,510,000	3,725,000	

●筆者作成「2022年資金計画表」及び「将来の事業計画表」

	前期実績	今期見込	計画1期目	計画2期目	計画3期目	最終目標
	4年／1期	5年／2期	6年／3期	7年／4期	8年／5期	10年／7期
売上高	150	200	400	600	700	1,000
売上原価	0					
Aうち減価償却費	0					
売上高総利益	150	200	400	600	700	1,000
販売管理費	50	150	150	150	150	200
人件費						
うち役員報酬						
B減価償却費						
営業利益	100	50	250	450	550	800
営業外収益						
営業外費用						
C 経常利益	100	50	250	450	550	800
特別損益						
法人税等						
当期利益	100	50	250	450	550	800
総資産	300	300	300	300	300	300
総負債						
自己資本	300	300	300	300	300	300

◉事務所の選定

開業するためには事務所をどこにするかを決めなければならない。自宅開業か、事務所を用意するかどうかという問題をどうするか。来客用の駐車場はどうするか。応接セットがいるかどうか。考えればキリがない。各自の戦略に合わせて決めていくことが肝要である。筆者は開業して1年半ほどしか経っていないが、アクセスのしやすさは度外視し、仕事のしやすさ重視の事務所選定は想定通りであったと感じている。

◉知識の棚卸し

開業するにあたり、自分ができることの棚卸しを行った。顧問契約を想定し、インターネットでマンションに関する困りごとを探し出し、勝手に解決策を考え、そのための案内文書や議案書や議事録の雛形の作成を行った。また、新潟県内の分譲マンションリスト等も作成した。

◉協力業者体制の構築

今まで管理会社と協力業者との繋がりだったものを、独立した自分との付き合いをしてもらえるかを確認する。前職との仲が悪化するとなかなか難しいと思うが、管理組合から「業者を紹介して欲しい」という依頼もままあるため、引き続き協力していただけるかを確認しておきたい。ちなみに筆者はしがらみが多いため、ほとんどしていない。地方都市はそもそも工事業社の数も多くないため、連絡先だけ確認した程度であった。

10 待っていても仕事はこない

マンション管理士の営業活動

▼まずは知ってもらう

マンション管理士として成功するには、ただ資格を取得するだけでなく、自分の存在をアピールし、仕事を獲得する必要がある。多くの場合、マンション管理士として開業しても、仕事は容易には舞い込んでこないのが現実だ。マンション管理士をより多くの人に知ってもらい、興味を持ってもらえるかを考える際、幾つかの要点を検討してみたい。

まず、マンション管理士が成功するためには、マンションの管理組合に自分の存在を知ってもらう必要がある。この点で、営業とアピールの方法が鍵となる。さまざまな方法が利用できるが、それぞれの方法には利点と課題が存在する。

◉1．マンション管理組合へのアピール

管理組合にアプローチし、自分のマンション管理士としての専門知識とスキルを提供できることを伝えることは効果的である。

アピール方法として、直接管理組合にコンタクトを取ることや、管理組合の会合に参加することが考えられる。これにより、自分の存在を実際に知ってもらうチャンスが増える。

◉2．オンラインプレゼンスの構築

現代社会では、オンラインプレゼンス（※1）が非常に重要である。自分の専門性や経験を、ウェブサイトやソーシャルメディアを活用して紹介することで、オンラインでのプロフェッショナルなイメージを作り上げ、信頼性を高めることができる。

また、ブログ記事や専門的なコンテンツの共有を通じて、管理組合や住民に価値を提供することができる。

◉3．ターゲット市場の特定

複数のマンション管理組合が存在するため、特定のターゲット市場を選定する。高経年マンション、新築マンション、または特定の地域など、自分の専門知識とマーケットを絞り込むことで、効果的なアピールが可能である。

◉4．ネットワーキング

業界内のネットワーキングは重要である。専門的なイベントやセミナーに参加し、他のプロフェッショナルとの関係を築くことで、紹介や推薦を受けやすくなる。

◉5．クライアントの成功事例

過去の成功事例を粒立ててまとめて、実績を示すことは信頼性を高める手段である。クライアントからの許可を得て、成功事例をホームページ等で共有することで新規顧客に訴求す

※1 インターネット上の存在感。

る説得力が増す。

最後に、費用の管理も重要である。営業とアピールの方法を選択する際に、予算を設定し、それに合った戦略を立てよう。成功には時間がかかることもあるため、忍耐強さと一貫性も必要である。アピールの方法を検討し、自己プロモーションを積極的に行うことで、マンション管理士としての成功の道が開けるだろう。

▼セミナー集客を狙う

マンション管理士が成功するためには、セミナー活動が重要となる。セミナーには参加するだけでなく、セミナー講師としての役割も考えることができる。セミナーは自身のスキル向上や知識の共有、そして自己プロモーションの手段として非常に有用である。以下では、異なるタイプのセミナー活動について詳しく説明し、それぞれの利点と課題について考察したい。

◉自主開催セミナー

自身がセミナーの主催者として活動することは、自分のスケジュールに合わせ、興味を持つトピックを取り上げて話すことができる。自分の得意分野や専門知識に基づいてセミナーを開催できる。しかし、このアプローチには集客と会場の手配に関する課題がある。集客にはマーケティングスキルが必要であり、適切な会場を見つけることも費用面の問題もあるため適切な準備が必要だ。

◉ゲスト講師としてのセミナー参加

管理組合や民間企業から講師として招かれる機会もある。このアプローチは、既存のセミナーシリーズやイベントに参加し、自分の専門知識を提供することができる。成功すれば、実績として評価され、将来的にも依頼が舞い込む可能性が高まることが期待される。したがって、この機会が訪れた際には、柔軟さを持ち、機会を活かすべきだ。

◉地方公共団体主催のセミナー

マンション管理士会などに所属していると、地方公共団体からセミナー講師を依頼されることがある。地方のセミナーは、地域社会における存在感を高める優れた機会となる。積極的に参加し、自身の専門知識を共有することで、地域の信頼を築けるようにしたい。

◉オンラインセミナー

近年、ウェビナーやオンラインセミナーが注目されている。ツールもＺｏｏｍやインスタライブを活用することで、地理的制約を克服し、広い観客層にリーチすることが可能だ。オンラインセミナーは、集客や参加者のコストを削減し、手軽に開催できる。また、オンラインセミナーは手軽に録画することができるため、その動画を編集し、ＹｏｕＴｕｂｅに投稿したり、自分のホームページ等で訪問者に見てもらうこともでき、そのまま営業ツールとしても使うことができる。

セミナー活動は、自己プロモーションの重要な一環として捉えるべきである。スキルの向上や知識の共有を通じて、管理組合に対して提供できる価値をアピールできる絶好の機会といえる。自身の強みを最大限に活かし、選択したセミナーアプローチにコミットすることが、マンション管理士としての成功への道を切り拓く鍵となる。

紹介による集客

人づてにマンション管理士を知ってもらうという方法もある。正直、筆者はほとんど営業活動をしておらず、この紹介での顧客獲得が多い。

これは、筆者が前職よりお付き合いしている様々な方々からのお声掛けがあってできることであり、このつながりがあるかどうかというのが、紹介については大変重要である。無論、道義上の問題があるため、管理会社時代の顧客にこちらからアプローチすることはしていない。ただ、様々なルートから、結果的に管理会社時代にお付き合いのあった管理組合様からお声がけをいただくことはある。ホームページ等で前職の情報等は開示していないため、依頼を受けてから「前職はもしかして〇〇でしたか?」とお声かけいただいたりする。

基本的には人間1人で生きているわけではないので、なにかしらのつながりがある。自分がマンション管理士という仕事をやっており、困っている管理組合があれば、お手伝いができるということをいろいろな方にアピールしていく草の根運動は効果的であると思う。当然、紹介者に恥をかかせる訳にはいかないため、全くできないことを「できます」ということはせず、自己研鑽しながらアピールしていく必要があると思う。

▼チラシは作る必要がある？

マンション管理士が自己プロモーションを考える際、要点をまとめた「チラシ」の作成は有効である。マンション管理士がチラシを作成し、それをどのように活用すべきか、検討してみたい。

まず、マンション管理士の立場から、チラシの有用性について考えた場合、様々なサービスを提供し、新しいクライアントを獲得するために自己宣伝が必要となる。要点をまとめたチラシは、サービスの特長や提供内容をわかりやすく伝える手段として役立つものと思われる。ただし、チラシの作成と配布にはいくつかの課題が存在する。

1つには、無断でマンションにチラシを投函することが、管理規則に反する可能性があるということだ。マンション住民からの不満やクレームを引き起こすことは、信頼性を損なう恐れがある。そのため、マンションの許可を取得し、適切な方法でチラシを配布することが重要である。

また、マンションが管理会社に管理委託している場合、管理会社の方針に従う必要があり、簡単に配布許可を得られない可能性がある。したがって、配布の際には管理会社との協力と許可を得る必要となるが、実際には協業関係のマンション管理士に対して配布を許可する管理会社は少ないだろう。

一方で、新聞折り込みという従来からある方法も検討してみたい。特に高齢の区分所有者が多い高経年マンションにアプローチする場合、新聞折り込みは有効な手法の一つであると考えられる。購読層を考えれば新聞を使うことで、ターゲット層に届きやすく、効果的な広告手段といえるだろう。ただし、この方法には高額な費用がかかることがあり、開業当初の資金が限られている状況の中では慎重な検討が必要だ。数万円、場合によっては数十万円の費用をかけたのにもかかわらず、折り込みチラシからの問い合わせがなかったという話は「開業時の失敗談」として、あちこちで目にする。

一般的に、チラシの効果は不確かであり、配布量に対する問い合わせ率は低いことが多い。そのため、チラシを名刺やパンフレットの代わりに使用し、個人的な接触とプロモーション活動と組み合わせることで、より効果的なアプローチが考えられる。

ちなみに、知り合いのマンション管理士からは、開業当初にチラシを1万枚作成したが、配布する機会に恵まれず、押し入れの中に積まれているという話を聞いた。確かにチラシは1回の発注時に大量に作成することで、1枚当たりの単価を抑えることができる。ただし、記載されている内容が時間の経過とともに変化する場合もあるため、配布の予定も考えて作成することを強く勧めたい。

▼マンション管理士のSNS戦略

費用が低額で、広く人に知ってもらう方法としてX（旧Twitter）やInstagram等のSNSを使うことが考えられる。筆者もXに頻繁に投稿している。

SNSを使うというのは、拡散しやすく、手っ取り早く自分という存在を知ってもらうことができるというメリットが大きいが、デメリットやリスクも多い。

SNS上には、いろいろな方がおり、自分が行いたいことを主張したいことに反対の意見を持っている方もたくさんいる。

そういう環境の中で、自分が披露した知識というものが、稚拙なものであったり、間違ったことを公表してしまうことで、いわゆるアンチ（※2）や、叩き（※3）が発生する可能性がある。

そのため、SNSを利用する際に気をつけていることは以下の通りである。


1つ目は、プライバシーに配慮するという点だ。

筆者の顔や考え方は、それほど特殊なものでもなく、凡庸で目立たないもののため、あまり印象に残りにくいだろうと考え、少しでも目立つようにと顔出しをしている。一方、家族や友人等の写真はほとんどあげておらず、掲載する場合は個人が特定できないよう、顔を隠す処理等を行っている。

それは、営業行為の中で、妻や子供を登場させると、生活に影響が出る可能性があるため、そこは自重している。無論、家族の写真をSNSに掲載している方々もいらっしゃるのは重々承知しており、その点は筆者と考え方の違いがあるが、かといって批判するわけではない。

また、ブログを書く場合、顧問先の名前や場所が特定できるような書き方をすると、そのマンションの活動に影響が出るため、十分に注意されたい。

2つ目は、悪目立ちしないようにするという点だ。

SNSの文化の中で「バズる」というものがある。バズることで多くの人に共感拡散され、

※2　批判的なコメントを投稿したり、不利になるような情報を拡散したりする人物。

※3　酷評すること。必ずしも事実に即しているわけではない。

たくさんの人の目に触れる。

一気に認知度が上がるため、ＳＮＳのフォロワー数獲得等に期待ができるが、実はバズったからといって、フォロワー数が大きく増えるわけではない。

一時的に物珍しさでフォロワー数が増えても、同じようなバズりがなければすぐにフォローを外されてしまう。また、人の悪口や極端な物言いはバズる傾向があるため、バズらせるためにそのような投稿を考えがちだが、アンチを呼ぶためあまりお勧めできない。

３つ目は「炎上」しないように気を付けるという点だ。「炎上」とは、バズりと同じく多くの人に拡散されるが、どちらかというと批判的、晒しの意味合いで拡散される。そのため「不見識」「知識不足」等多くの批判的なコメント（アンチコメント）が寄せられる。ＳＮＳの鉄則に「大きな主語で語らない」というのがある。例えば「日本人は〇〇だ」とか「医師は〇〇だ」といった具合である。マンション管理界隈でも、ついつい大きな主語で語ってしまい、炎上しているのを目にすることがある。いくつか具体例を挙げたい。

一つは「マンションは〜」と一括りにしてしまうことだ。マンションは全国津々浦々さまざまな場所にある。板状マンションやタワーマンション、リゾートマンションと種別も多い。一部屋数億円の部屋もあれば、１００万円以下の部屋もある。マンションにより必要なサポート、求めるサービスがあまりにも違いすぎるのに「マンションは〜すべし」のように言ってしまうと炎上の元となる。

もう一つは「管理会社は〜」という物言いだ。マンション管理士としては、管理会社は商売敵という面もあるため、強い論調で書きたくなる気持ちはわからなくもない。しかし、ほとんどの管理会社は真っ当に仕事をしており、管理組合にファンがいることもある。そのため、管理会社憎しと批判することは無用な争いを引き起こすことがある。往々にして、物事には例外がある。それを大きな主語で断定的な物言いをしてしまうと批判を集めてしまう。中には、わざと炎上させながら批判を物ともせずフォロワー数を伸ばしていく猛者もいるが、なかなか真似できるものではない。穏当な運用が懸命だ。

▼ホームページは簡易なものでも必須

ホームページの要否は開業を考える方の間でよく話題に上がるため、興味のあるところだと思われる。ホームページは、いわばインターネット上の他のネット記事やブログ等を取りまとめる言わば旗艦店のようなものであるため、絶対に必要であると筆者は考えている。前述の通り、SNSで知ってもらうということはできたとしても、その後の問い合わせしてもらうというのは難しい。しかし、必要性を感じてはいながら、「ホームページを作成する知識がない」「費用がなく外注できない」との理由でホームページを作っていない人が意外と多い。

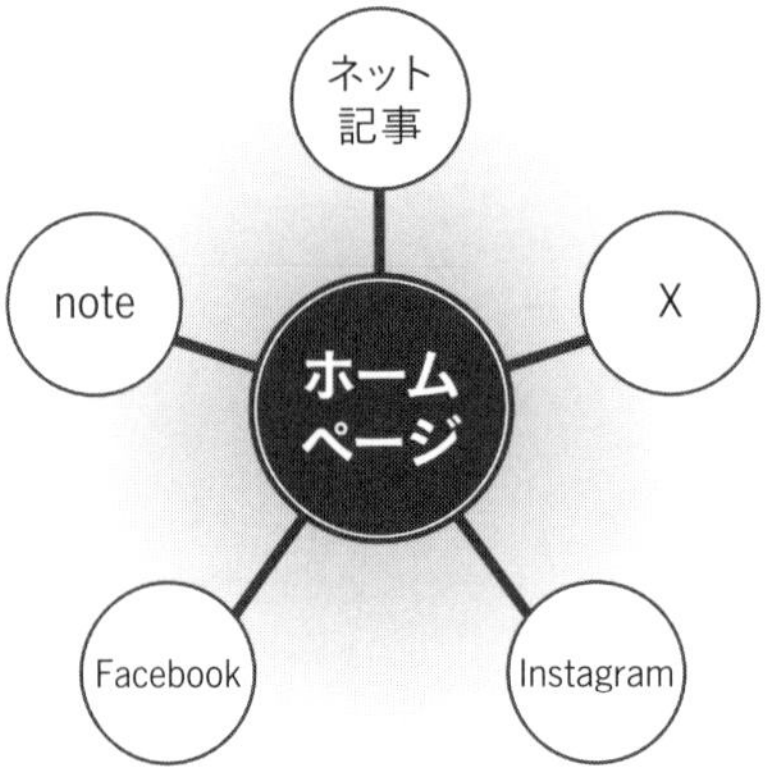

反対の立場で考えると、重要性がわかると思う。例えば貴方が新たな会社とお付き合いする際に、その

会社の情報を得ようとした場合、まず何をするだろうか。ほとんどの人はまず「インターネットで検索」し、ホームページやSNS等で業務内容や評判を確認するのではないだろうか。人づてに評判を聞くこともあるだろうが、今やインターネットによる情報取得が何よりも早く手軽であるのは間違いないだろう。

筆者も簡単ではあるが自作のホームページがある。正直、内容は他の媒体のリンクを貼っただけの簡素なものであるが、筆者の連絡先が記載してあり、問い合わせを受けることができるようになっている。

露出を増やし、興味を持ってもらっても、自分にアクセスしてもらわなければ無意味であるため、いかに連絡してもらいやすい環境を作れるかが非常に重要である。

SNSにもDM等の個別に連絡をとることができるが、事業者の都合でいつ機能が制限されたり、無料で使っていたものが有料になったりするかわからない。ホームページであればそのような心配も少ないため（全くリスクゼロという訳ではないが）、必ず作成しておく必要がある。

書籍を出版し、営業ツールにする

今、まさに筆者がこの本を執筆している目的の一つは、ブランド力の向上という狙いがある。

当然、印税が入ってくれれば、売り上げにもなるので経営の安定につながるという面もあるが、何よりも営業が苦手な人にとって、書籍の出版はとても強い営業ツールになることが期待できる。

書籍を出すことで、本に書いてある知識を持っている人だと認知され、経験や実績が目に見える形でクライアントに提供することができる。

また、書籍であればパンフレットやホームページよりも情報量が多く、内容を深く伝えることができる。

ちなみに筆者も、いわゆるビジネス書と呼ばれるジャンルの本が好きで、数十冊所有している。中にはビジネス書を「広告っぽい」と敬遠する人もいると聞くが、非常にもったいないと思う。特定のビジネスについて知りたいと思った時、学術書よりわかりやすく、雑誌よりも深く知るためには、その業界の方が書いたビジネス書を読むのが一番早く、そして面白いのだ。

本を執筆するという機会については、自分からお願いして書けるものではないが、最近ではアマゾン等での出版であれば安価な費用で出版することも可能であると聞く。出版のハードルは過去よりだいぶ下がっていると思うため、チャンスがあれば果敢にチャレンジするのが良いだろう。

Column CASE 2

複業としてのマンション管理士

昨日までサラリーマンだった人が会社を辞め、専業のマンション管理士として独立しても、即サラリーマンと同程度の収入を得ることは、ほとんどの場合困難である。なぜなら、マンション管理士としての大きな活動の一つである「顧問契約」を締結するためにはマンション管理組合と顧問契約を締結する必要があるが、多くの場合、その顧問契約を締結するためには半年から1年程度の時間が必要となるからだ。

顧問契約を理事会で決定できるマンションであり、予算の余裕があれば決断は早いかもしれないが、そうでないマンションでは予算が決定される総会まで契約を待たなければならない。そのため、独立してもすぐに顧問契約のような大きな仕事に関われることは稀であり、仕事といえばマンション管理士会から斡旋されるあまり頻度の高くない仕事と、スポットの相談業務くらいとなる。

そのため、開業当初のマンション管理士は、他の仕事を掛け持ちすることが往々にしてある。もしくはサラリーマンを続けながら副業としてマンション管理士の仕事をすることがベターである。計画性のない開業は資金面で非常にリスキーだ。独立開業の前に、マンション管理士と他の仕事のボリュームと売り上げ目標を計算する必要がある。

マンション管理士の仕事は、比較的時間の融通が利きやすいと感じている。理事会は理事役員の多くの方に出席いただくために、平日の夜や土日に行われることが多い。そのため、平日日中に別の仕事を行うことが可能だ。週2、3日別の仕事を行ったり、フルタイムの仕事をして、マンション管理士業務を週末開業のような形を選択したりできるかもしれない。

副業の仕事内容はどのようなものが良いか。マンション管理士試験の合格者は宅地建物取引士試験も合格している方が多いため、不動産業を行うことが選択肢としては上がってくるだろう。また、マンションに欠かせない消防設備を点検する「消防設備士」を兼業するのも良いだろう。消防設備士は資格取得しやすく、点検は法律で決められているため、既存のビルがある限りは仕事が無くならない。

さまざま言ってきたが、筆者は事前の緻密な計算や見立て等は特になく「なるようになれ」と開業した一人である。というのも、筆者は勤めていた会社に許可をもらい、マンション管理士として活動しており、ある程度の自信と勝算があったからだ。副業が社内規定で制限されていたため、プロボノ活動として相談会等に参加しながら、マンション管理士の仕事の内容や難易度等を確認し、おそらく開業してもお客様に迷惑をかけることはないだろうと思いそのまま開業した。しかし、あまりにも無計画だったため、結局資金が底をつき、日本政策金融公庫から運転資金を借りることになった。それからお陰様で紹介により顧問契約を数件いただき、なんとか妻と2馬力でなら生活できるくらいの収入を得ることができている。

そのため、これから開業を考えている方には、能力の有無とは別に、収入を得るためには1年~3年程度の「助走期間」が必要になることは伝えておきたい。

この筆者の体験から、是非とも新たにマンション管理士活動を始める方は、少し計画的に開業を進めていただいた方が良いと助言したい。

第3章

マンション管理士のお仕事

[幅広い実務の世界]

11 マンション管理士の働く場所

どんなことをしているの？　マンションにお邪魔します

▼マンション管理士の仕事場

　第1章でも触れた通り、マンション管理士試験に合格しても、マンション管理士として開業するのはごく少数である。つまり、多くのマンション管理士の仕事場は、自分の事務所ではなく、勤務先のマンション管理会社や不動産屋等であったりする。また、事務処理は事務所とは別に、多くの場合はマンションに伺って理事会総会に出席をしてアドバイス等を行う業務がある。つまり仕事場は「事務所」と「顧問先」の2種類があり、顧問先は顧問契約の数に比例して増えていくということである。ここでは主に「事務所」での留意点を書いていく。

　事務所についてだが、自宅だと手狭になりがちである。管理組合の仕事は資料が多い。整理整頓をこまめにしないとあっという間に事務所が書類に埋め尽くされてしまう。パソコン一つでスマートに仕事をすることに憧れているが、マンション管理の仕事をペーパーレスで行うのはまだまだ先の話のようである。

　顧問先については、いかに資料を準備するかということが重要となる。顧問先は複数ある、一旦顧問契約が終了しても、将来また連絡をもらう可能性がある。そのため、資料をおいそれとは捨てにくく、ある程度の期間は保存しておく必要がある。

マンション訪問時は用事をまとめて

マンション管理士としての仕事はマンションに対する助言のため、顧問先マンションに訪問することが多くなるのだが、理事会や総会、打ち合わせ、または定期巡回などさまざまな理由で訪問することになる。しかし、顧問先マンションが全て勤務先から近くにある訳ではないため、月に3度4度と訪問していると、いくら時間があっても足りなくなってしまう。そのため、一度外出する場合は処理できる仕事をまとめて行うことが重要となる。マンション巡回時のコツをいくつか記したい。

◉1．外出前に用事をメモしておく

巡回時に用事をメモしておくことで、何度もマンションに訪問するようなことを避けられる。基本的なことなのだが、この一手間で時間が大きく変わる場合がある。例えば「外部の写真を撮る」という用事があったとする。天候もよいため、役員とのアポイント時に撮影しようと思っていたことを忘れてしまうと、天候等に左右されて写真を撮る用事のためだけに予定を調整しなければならなくなる。勤務先から10分程度の場所であれば時間のロスは少ないだろうが、これが1時間かかるのであれば往復2時間のロスとなる。

◉2．人との約束の場合は確認の連絡をしておく

ミスは自分だけが発生させるものではない。残念ながら管理員や組合員もこちらからのアポイントを忘れてしまい、訪問時にいないということも少なからず発生する。これを防ぐた

めに事前に連絡をしておくことが重要だ。携帯を持っているなら朝9時頃に確認の電話かSMS（ショートメール）で時間を伝えておく。早朝のアポイントであれば前日の夕方に連絡。これだけで予定をすっぽかされる可能性がグッと減る。

◉3．物件ごとに持ち運びファイルを作っておく

一度に2件3件とマンションを巡回し、各所で書類の受け渡しを行うことがある。預かった書類に全て「マンション名」が入っている訳ではないため、物件ごとに持ち運びファイルを作っておき、取り違いが発生しないように準備しておく。万が一取り違えた場合、書類に個人情報が入っていると大きなトラブルになる可能性があるため、万全を期して対応されたい。地方都市であれば車で巡回することが多いため、車で書類ややることリストを整理することもできる。急いでいるとミスも発生しやすくなるため、時間にゆとりを持って行動を心がけて欲しい。

▼自宅で事務処理も

個人事業主をしていれば、当然だが事務処理の仕事が発生する。各種資料や請求書の作成等の事務処理は、パソコンがあれば場所を選ばず行うことが可能だ。とはいえ、喫茶店など人目の多いところでパソコンを開いて仕事をしていると、個人情報漏洩の危険性もある。個人事業主として信頼されるには、このようなリスク回避について人一倍敏感になり対応していく方が良いと思う。自宅を事務所と兼用することのリスクは第2章でも語った通りだが、

事務処理をするだけであれば自宅でも十分対応可能である。事務所と事務処理について思うところを書いてみる。

◉机や椅子にこだわる

せっかく一国一城の主になったのだから、自分の気に入った机や椅子を揃えるのはどうだろうか。会社であれば買い与えられた安い事務机と椅子を特に思い入れもなく使うだけだろうが、自分で選べるということであれば可能性は無限大だ。仕事へのモチベーションを上げるために高級家具にするもよし、とびきり広い机を手配したって構わない。財布と相談しながら決められるのだ。これであれば、万が一普通の事務机に落ち着いたとしても「財布と相談した結果である」と納得しやすいのだ。長く使うものであるため、お気に入りを探して欲しい。

◉事務処理を溜めない

ついつい後回しにしがちな事務処理。バックオフィス業務は売り上げを生むものでないため、気乗りせずに溜めがちになる人も多いのではないだろうか。何を隠そう、筆者もまさに事務処理が溜まりがちである一人である。そのため、自戒の部分もあるのだが、事務処理を溜めると溜めた分だけ仕事が遅くなる傾向にある。どういうことかというと、仕事が溜まると書類の紛失や業務の忘れ等が発生するのだ。無くした書類を探す時間ほど無駄なものはない。事務処理はためずにどんどん処理していくものだと思い込み、スケジュールに組み込んで処理をしてしまいたい。

12 マンション管理士は引き出しの多さが武器になる

良き相談相手となるために

▼マンション管理士はメニューを増やして仕事も増やせ！

筆者はマンション管理士で独立するとなってから、管理組合に対してどのような価値提供ができるかを真剣に考えた。マンション管理士には独占業務がないため、「法律で定まった仕事」というものがない。弁護士なら民事、刑事様々な弁護、司法書士なら権利関係の登記等「専門士業以外の者ができない仕事」があるが、マンション管理士にはそれらに当たるものがないのだ。ここがまさに「マンション管理士が食えない」といわれている一丁目一番地である。

ではそのような環境でどうやって仕事を得ていくのか。これは一般の営利企業と全く同じ「営業」で採っていくしかない。もちろん、アポを取り管理組合に売り込むということも営業行為であるし、チラシを作って配布することも、ホームページを作ってひたすら連絡を待つことも営業（反響営業）であるため、方法は問わない。

その過程で、自分ができる業務メニューをラインナップする必要が出てくる。仕事は他士業の独占業務に抵触しないことが絶対条件である。例えば、滞納者に対する督促業務は弁護士法第72条（※1）に抵触するため、マンション管理士が行うことはできない。

ただ、そのような仕事以外であれば、管理組合から「価値がある」と思われれば全て仕事

※1　（非弁護士の法律事務の取扱い等の禁止）第七十二条　弁護士又は弁護士法人でない者は、報酬を得る目的で訴訟事件、非訟事件及び審査請求、再調査の請求、再審査請求等行政庁に対する不服申立事件その他一般の法律事件に関して鑑定、代理、仲裁若しくは和解その他の法律事務を取り扱い、又はこれらの周旋をすることを業とすることができない。

になる可能性がある。高経年マンションの成り手不足の受け皿となるもよし、大規模マンションのファシリテーター（※2）となるもよし、工事の経験を活かして大規模修繕工事の幹事役となるもよしだ。選択肢は想像力と需要によって無限に広がる。

筆者は「コンサルティング業務」一式と金額を設定しているが、提案そのままの内容となっている組合は一つもない。管理組合と相談をして業務の選定と委託費を増減して決めている。業務の中には筆者からではなく、管理組合から提案され「このような需要があるのか」と知見が広がった例もある。

次項からは、筆者の少ない経験で恐縮だが、業務の内容を共有したいと思う。全く経験のないマンション管理士には業務のヒントになればと考えている。また、マンションの理事役員他区分所有者のみなさんには、マンション管理士の有用性を少しでも感じていただければと思いながらも、業務の勘所はなるべく包み隠さずお伝えするため、管理組合活動に役立てていただければ幸甚である。

▼マンション管理のコンサルティング「顧問契約」

顧問契約はマンション管理士としては最もポピュラーな業務の一つである。管理組合からのマンション管理運営に対する疑問、質問への回答及び助言等を行っていく。他の士業でも「顧問契約」という業務形態はあるためイメージしやすいのではないか。

しかし、ポピュラーではあるが、果たして独占業務のないマンション管理士として、どのような助言を行うことができるのか。

※2　会議を円滑に進める人。

◉法令等についての解説

区分所有法やマンション管理適正化法、標準管理規約や各種ガイドラインは、国土交通省のホームページ等で閲覧することができるため、誰でも触れやすい情報である。ただ、内容を理解するためには数十ページある文章を精読しなければならず、誰でもできるものではない。そのため、情報を組合員等にわかりやすく解説することは一定のニーズがある。無論、各法令についての解説書も書店で販売されているものもあるが、解説書自体が難解なこともあるので、勉強しておくことが肝要である。

◉経験に基づく助言

筆者の場合、管理会社勤務の経験を活かし、多数の事例を例示することで様々な件についての助言を行うことができる。制度や法律を知っていたとしても、実際に議案を議決するためには各組合員に賛成票を投じてもらう必要がある。住んでいる人が全て合理的な考えを持っているわけではないため、レアケースを紹介しリスク回避を盛り込む必要があるかを各組合員の顔を思い浮かべながら決めていく。

◉国や自治体等の補助金情報

マンションに関する補助金等に関する情報はホームページ等で公表されているのだが、意外とアクセスしにくい場所にあり、検索してもたどり着けない場合がある。そのため、あらかじめ公表されている情報でも、とりまとめていつでも提供できるようにしておくだけでもかなり役に立ったりする。逆に公表されている情報を見落としているのはプロとしての資質を問われることにもなるため、情報収集は怠らないようにしたい。また、そのような情報は、パンフレットやチラシが作成されていたりするため、積極的に活用することで正確な情報を伝えることを心がけたい。

◉滞納問題との関わり方

前述した通り、管理費等の滞納回収や訴訟手続きは弁護士の職務範囲であるためマンション管理士は直接関わることができない。しかし、滞納の状況等を確認した上で、適切なアドバイスを行うことは可能である。

管理会社と管理委託契約を締結しているのであれば、6ヶ月程度の短期滞納は電話督促や督促状発送業務等を行うが、6ヶ月以降の対応は「管理組合に報告し、その業務を終了する」等になっているはずである。そのため、長期滞納は管理組合で対応することになる。

筆者は長期滞納者の対応は「早めの法的手続き」をお勧めしている。ただ、そのようなアドバイスをしても管理組合によってはなかなか法的手続きに踏み切れないことも多い。これには大きく分けて2つの考えがある。

一つは同じ管理組合の仲間として話し合いで解決したいという考えである。長期滞納者といっても同じ管理組合の組合員同士である。棟内に住んでいれば顔見知りの可能性もある。自分が理事の立場になり考えれば、同じマンションの組合員に対し「法的手続き」をとることは憚られるというのは理解できる。

もう一つは長期滞納者に法的手続きをとった場合に「恨み」を買う可能性があるという考えである。国土交通省が公表している標準管理規約に則れば、長期滞納者に対する法的手続きは理事会の決議で可能である（※3）。

裏を返せば理事会で長期滞納者に対して「話し合いでは解決できない」「待っていても長期滞納の状況は改善されない」と判断して「法的手続き」を決議するのである。当然の判断だと思うが、長期滞納者は「もう少し待ってくれれば必ず返済すると言っているのになぜ信用してくれないのか」と逆恨みするのだ。変な話と感じるかもしれないが、得てして長期滞納者はこのような思考の方が多い。ただ、長期滞納者の考えを理解しようとすると時間が過ぎていくばかりである。なぜかというと、多くのマンション組合員にとって「管理費等を期日通り支払うこと」は当たり前なのだ。滞納しても良い理由などないし、万が一手違いで滞納となった場合は慌てて管理会社に連絡して振り込んでくれる組合員の方が多数なのだ。長期滞納者の言い訳など聞いて督促を怠っていたら、他の組合員から「滞納を許容する管理組合」と批判されてしまう。

もし理事会で決議することが憚られるのであれば、あらかじめ規約や細則等で「〇ヶ月以上滞納となったら理事長は訴訟その他法的措置を追行しなければならない」と強行規定にしてしまうことも一案としてある。

筆者の20年弱のマンション管理業の経験では、長期滞納者に時間的な猶予を与えても改善しない。情に絆（ほだ）されて対応を躊躇することは決して長期滞納者に対する「優しさ」ではない。滞納について、早めにしかるべき法的手続きをとるのが「優しさ」であると、筆

※3　標準管理規約(単棟型)第60条（管理費等の徴収）
4　理事長は、未納の管理費等及び使用料の請求に関して、理事会の決議により、管理組合を代表して、訴訟その他法的措置を追行することができる。

者は考えている。

▼不安を解決「相談業務」

理事役員や区分所有者の悩みや不安をスポットで相談を受けるということもある。マンション管理士の知識を使って騒音や管理規約等について相談を受けていく。マンションの理事役員だけでなく、区分所有者やビル管理会社等の相談にも柔軟に対応する。

相談には、顧問業務とは性質の違う質問が飛んでくることもある。というのも、居住者の多くは管理組合の問題ではなく、居住者間のマナーに関するトラブルが大きな悩みとなっているからである。

今般の管理組合や管理会社は、居住者間や専有部分のトラブルには積極的に介入しようとしない。別に管理組合や管理会社の職務怠慢というわけではない。そもそ

●トラブルの発生状況

平成25年度と平成30年度を比較すると、特にトラブルがないマンションは23.2%に減少しており何らかのトラブルを抱えているマンションが増えている。発生したトラブルについては、居住者間のマナーをめぐるトラブルが55.9%と最も多く、次いで建物の不具合に係るトラブルが31.1%、費用負担に係るトラブルが25.5%となっている。

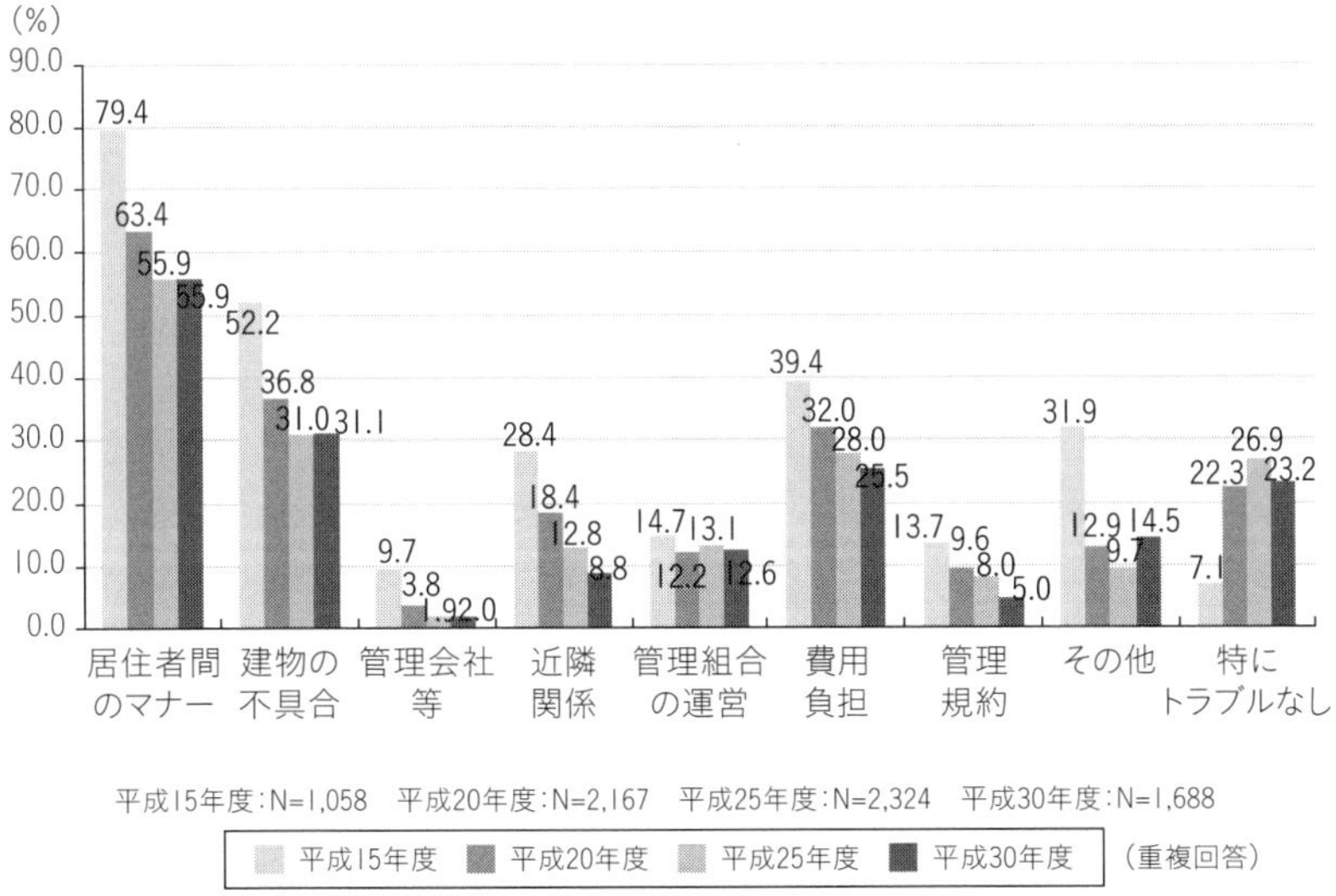

出典:国土交通省「平成30年度マンション総合調査結果からみたマンション居住と管理の現状」(https://www.mlit.go.jp/common/001287570.pdf)をもとに当社作成

も「居住者間のトラブルは業務範囲外」なのだ。中には、管理組合や管理会社の中には業務範囲外であっても、同じマンションに住む住人として解決のため介入したり、管理会社も周辺業務として対応したりするのである。ただ、あくまで「居住者間のトラブルは当事者同士で解決」が基本である。そのため、管理組合や管理会社に袖にされた住人が、マンション管理士を頼って相談に来る場合がある。せっかくマンション管理士を頼って相談に来たのだから、管理組合や管理会社と同じことを言って相談を完了とし、そのまま返すようなことで良いのだろうか。筆者としては、このような場合はマンション管理士として、是非とも相談に乗ってほしいと思う。ただし、既に顧問契約を締結しているマンションの住人である場合には、管理組合の意に反するような回答をしてしまわないよう注意が必要である。

ちなみに、筆者は管理会社時代、このような「居住者間のトラブル」の仲裁をよくやっていた

●居住者間のマナーをめぐるトラブルの具体的内容

平成30年度は、生活音が38.0%と最も多く、次いで違法駐車・違法駐輪が28.1%、ペット飼育が18.1%となっている。

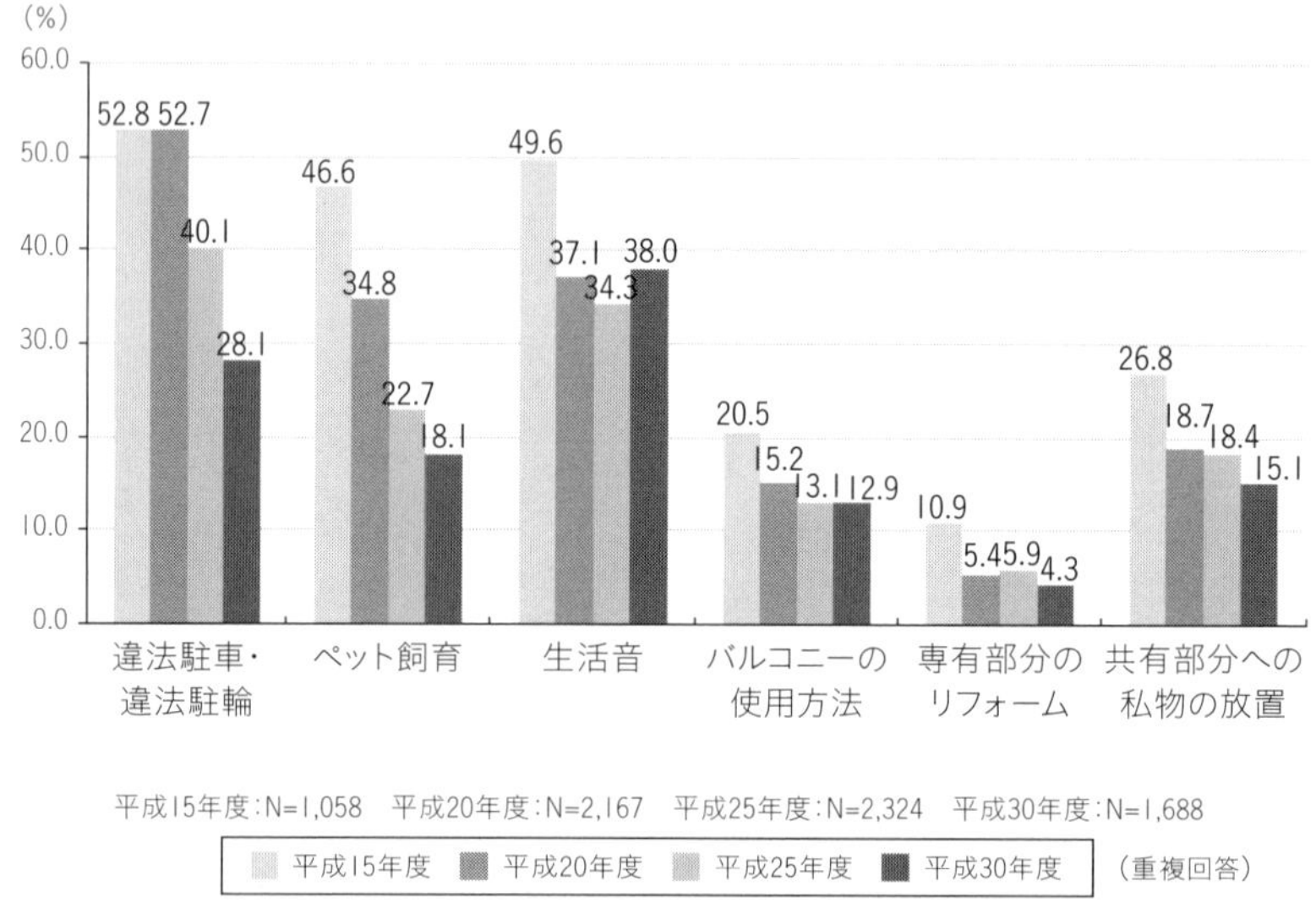

出典:国土交通省「平成30年度マンション総合調査結果からみたマンション居住と管理の現状」(https://www.mlit.go.jp/common/001287570.pdf)をもとに当社作成

時期もあった。無論、その当時も管理委託契約には含まれていない。ただ、筆者の当時の上司は「我々が解決しなければ誰が解決するのか？　悩ませっぱなしでいいのか？」という発想で、余計な問題に頭を突っ込む人であった。そのため、その人から教育された筆者も、同様に「余計なお世話」ギリギリのことをやるようなフロントマンになってしまった。それが、不思議なもので、今となっては良い経験として相談業務の役に立っている。

ここでは、いわゆる「居住者間のマナーの解決」についての考え方を述べていきたい。

◉騒音、生活音について

マンションは分厚いコンクリートスラブに囲われているため、一戸建てよりも騒音や生活音が聞こえにくいと思われている。一般論としては合っている部分もあるが、必ずしも正しくない。マンションの年代やスラブ厚によって防音性能は全く違う。ある騒音にお悩みの高経年マンションの住戸を尋ねたとき、点検口を作り天井裏を除いたところ、寝室の天井スラブにみかんくらいの大きさの貫通孔があったときは驚いた。その穴がダメ穴（※4）だったのか、管を通すために開けた穴なのかは不明であるが、マンションだからといって音が全く聞こえないということはない。

また、騒音の発生元は非常に特定しづらい。相談者から「直上階から音がする」と言われて直上階を訪問したところ、数年前から空室だったということはよくある話だ。そのため、騒音の問題は初動で相談者の話を鵜呑みにせず、丁寧に周辺に確認することが必要である。

※4　工事のために必要があり開けた穴。通常は工事完了後に穴を埋めるが、何らかの理由により開けっぱなしとなる例もある。

◉バルコニーの使用方法について

マンションであればバルコニーがついていることが多いと思う。マンションは多くの場合、「二方向避難（※5）」が義務付けられており、バルコニーは多くの場合、避難通路を兼ねている。

バルコニーは通常「専有使用権のある共用部分」との扱いで、使用細則等で使用ルールが規定されていることが多い。ただ、ルールを無視しプランターや構造物を置いたり、布団を干したりすることで、近隣トラブルとなる場合がある。

プランターに水をかけると土が流れ出し、雨水ドレンを詰まらせる。構造物は大きさによって避難経路を防ぐ可能性がある。布団は落ちた際思わぬ事故となる可能性がある。それぞれ禁止制限される理由はあるのだ。

相談業務を行う際に重要なことは無料にしないことだ。開業したての頃はまだ時間もあるため営業の一環としてこの相談業務を無料にして営業ツールにしたいという考えも出てくる。しかし、無料にすると「茶飲み話」に来る人が稀にいる。もちろん、仕事に繋がる場合もあるが、マンションに関する相談は圧倒的に「高齢者」が多い。高齢者は時間があるため、頻繁に相談に訪れる可能性がある。相談業務についてはわざとタイムチャージを弁護士並みに設定しているマンション管理士もいる。考え方次第ではあるが、時間は有限であるため留意されたい。

※5　建築基準法施行令第121条。

大規模修繕工事の補助業務

大規模修繕工事は非常に多額の費用を伴う工事である。責任が重いため、理事役員によっては回避したい、管理会社に丸投げしたいと考える人も多い。しかし、理事役員が積極的に関与しないとなるとよく言われるところの「管理会社の言いなり」となってしまう。

そこで、大規模修繕工事を行うに際し、マンション管理士をはじめとした専門家に間に入ってもらい補助を依頼されることがある。

マンション管理士の知識だけでは、工事の良し悪しは難しい場合があるが、管理組合がどのような補助が必要なのかを聞き取った中で、手伝いを行うことができることもある。多くの場合は一級建築士等と一緒に仕事をすることになると思う。

マンションの将来のために「長期修繕計画案作成・見直し」

長期修繕計画とは、マンションの将来の建物劣化、状況をどう考え、いくら修繕積立金が必要かを計算するための資金計画の表である。基本的には作成は任意であり、必ず備えなければならないものではない。ただ、将来の積立金を計算することは、マンションの管理に大変に有用であるため、作成を推奨されている。過去には多くの管理会社の管理委託契約に含まれていたが、長期修繕計画に注目が集まるようになった後、サービスで作成する管理会社は減ったように思う。平成30年実施の国土交通省のアンケートの結果では、多くのマンションで長期修繕計画が作成されており、未作成のマンションは少数である。

また、長期修繕計画はあるかないかだけではなく、積立金の改定根拠となり得るだけの実効性が必要である。工法や工事周期の正確性も重要だが、将来にわたっての積立金を見通すための長期修繕計画の「計画期間」が重要である。どんなに工事内容が正確であっても、「次回大規模修繕工事まで」のような短期間の計画では長期修繕計画としては物足りないと言わざるを得ない。同アンケートの結果では、25年以上の長期修繕計画に基づき修繕積立金の額を設定しているマンションは半数程度に留まる。

近年は管理計画認定を受けるために「長期修繕計画ガイドライン」に則した長期修繕計画を作成する必要があるため、認定を通過するための作成方法についての助言をして欲しいと相談を受けることもある。

長期修繕計画の作成・見直し業務については、建物の専門的知識は必須ではないため、きちんとした方法を身につければマンション管理士の業務として対応しやすい項目である。また、「長期修繕計画ガイ

●長期修繕計画の作成状況

平成25年度と平成30年度を比較すると、長期修繕計画を作成している管理組合の割合は増加し、平成30年度は90.9%となっている。

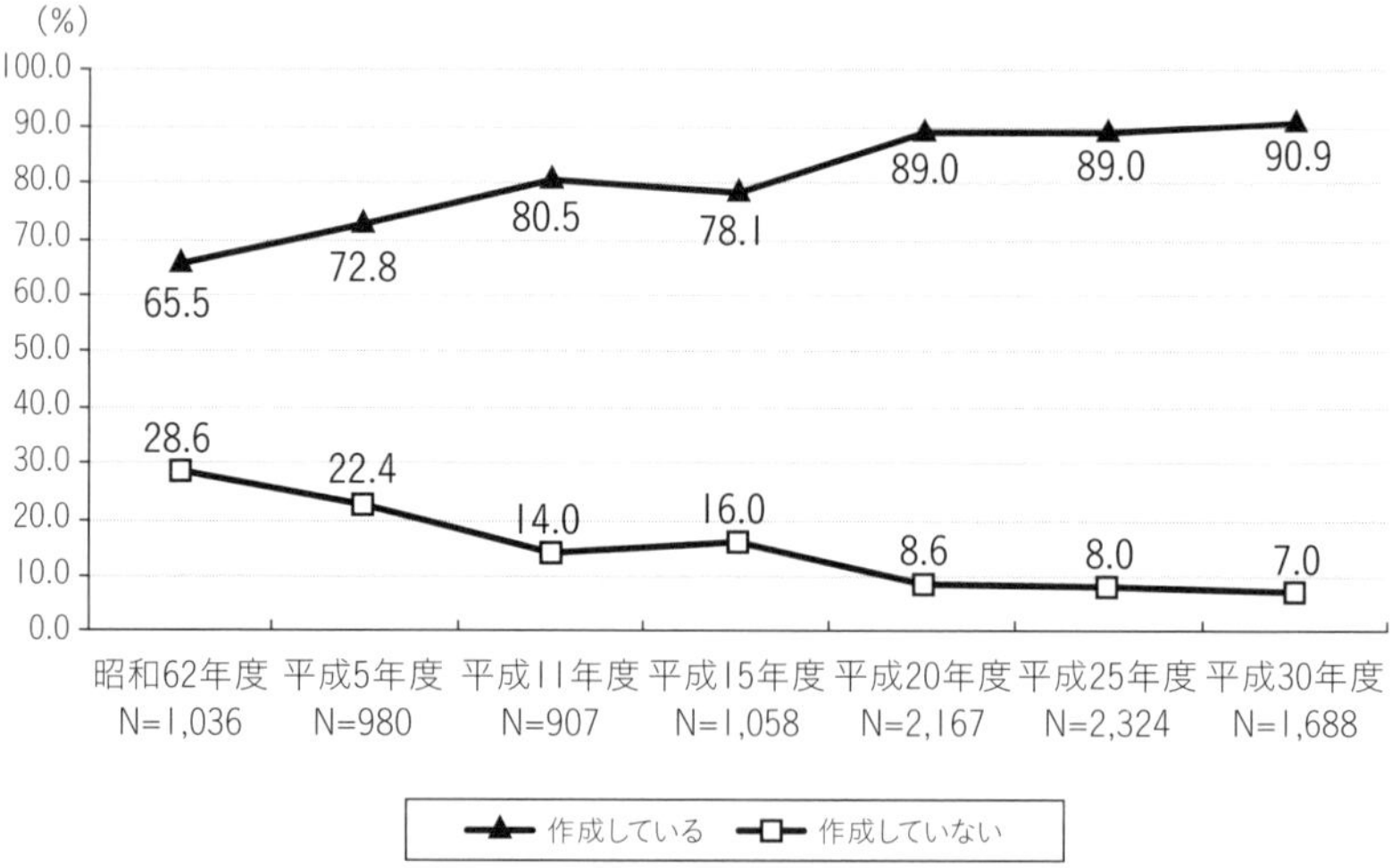

出典：国土交通省「平成30年度マンション総合調査結果からみたマンション居住と管理の現状」(https://www.mlit.go.jp/common/001287570.pdf)をもとに当社作成

ドライン」にも計画策定の流れが書いてあるため、自身で作業される場合は参考にされたい。筆者は長期修繕計画の作成・見直しを多数手掛けてきているため、僭越ながら作成・見直しの手順を共有してみたい。これが唯一の正解ということではないため、参考にしていただきながら、自身での業務に役立てていただければと思う。

◉1．事前準備

長期修繕計画作成の依頼を受けたら、まず対象マンションから作成に必要な資料を提出していただく。長期修繕計画が作成されているのかいないのかを確認し、作成されている場合は参考資料として受領する。また、修繕周期や工法の検討のために修繕履歴を提出してもらう。修繕積立金の積立残高と毎月の積立額を確認できる資料を提出してもらう。竣工図や、設備の点検報告書等も必要となる。

●計画期間25年以上の長期修繕計画に基づき修繕積立金の額を設定している割合

平成25年度と平成30年度を比較すると、計画期間25年以上の長期修繕計画に基づいて修繕積立金の額を設定しているマンションの割合は増加し、平成30年度は53.6%となっている。

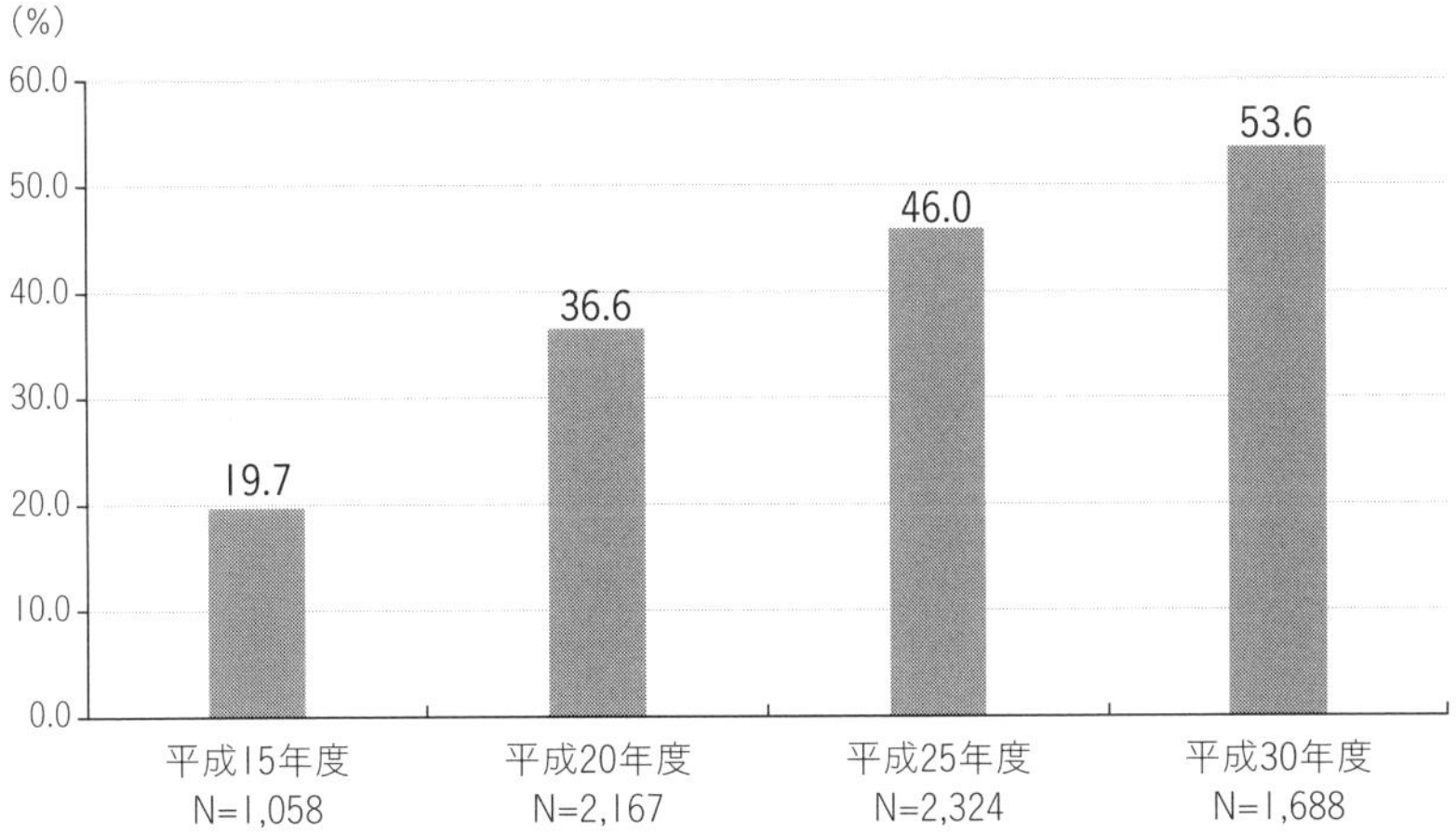

出典：国土交通省「平成30年度マンション総合調査結果からみたマンション居住と管理の現状」(https://www.mlit.go.jp/common/001287570.pdf)をもとに当社作成

◉2. 専門家による建物点検を行う

筆者は長期修繕計画を作成する場合、専門家による建物点検は原則必要と説明している。現在の建物の状態を確認しないと、将来に必要な工事時期の算出ができなくなるためだ。建物点検は信頼している点検業者に依頼して実施し、後日報告書を作ってもらう。点検はできるだけ筆者も立ち会い、一緒に現地確認しながら不明点は都度確認していく。長期修繕計画を管理組合に提出した際、質疑応答をできるようにするためだ。

なお、費用の都合上、安く作成して欲しいと言われた場合は専門家による建物点検を行わず、説明文書に「建物点検未実施のため、一般的な修繕周期によって工事時期を入力している」旨を書き加える。無論、この際にも筆者にて簡易な現地調査は行うのだが、建築に関する一般的な知識はあるが、知見を持ち合わせている訳ではないため、参考程度に留めておく。

◉3.「長期修繕計画」の書式について

専門家による建物点検が完了し、報告をもらったら、長期修繕計画を実際に作成していく。長期修繕計画書には国土交通省が作成した雛形がある。それが長計標準様式だ（※6）。

特に管理組合から指摘がなければこれをベースに作成していく。長計標準様式に準拠することが「管理計画認定制度」のチェック項目の一つであるため、特段の理由がない限りこの書式を使っていく。

長期修繕計画は大きく「マンションの建物・設備の概要等（様式第1号）」「調査・診断の概要（様式第2号）」「長期修繕計画の作成・修繕積立金の額の設定の考え方（様式第3号）」

※6　国土交通省ホームページ（https://www.mlit.go.jp/common/001172734.pdf）にて公開されている。

「長期修繕計画（様式第4号）」「修繕積立金の額の設定（様式第5号）」の5つに分けられている。組合での作成を前提としたエクセル版も提供されている。様式第1号については管理組合から用意いただいた各種資料を元にマンションの建物・設備の概要を入力する。様式第2号については専門家による建物点検を実施している場合はその「調査・診断報告書（概要版）で代えることができる」ため、報告書を添付するか、または様式第2号に内容を落とし込むかする。

◉4.「長期修繕計画の作成・修繕積立金の額の設定の考え方（様式第3号）」を作成する

様式第3号は対象マンションの長期修繕計画に関する考え方を記載するもので、直接計画や積立額に関係するものではない。また、管理計画認定基準の項目でもないため、省略されている場合も散見される。しかし、筆者はこの「様式第3号」が長期修繕計画の勘所であり、最も時間をかけて説明したい部分である。

長期修繕計画や積立金改定は5年程度ごとに見直しをかけていく項目となるが、この「様式第3号」については対象マンションの長期修繕計画に対する考え方、言わば「コンセプト」となる。例えば、高経年マンションであれば、設計図書がなくなっていることが多々ある。無論、設計図書があったほうが、長期修繕計画の精度が上がるのだが、一度なくした設計図書を再作成することは多大な費用がかかる。そのため、過去の大規模修繕工事の金額を参考にしたり、極端な話「戸あたり○○○万円」のような金額で計画したりすることもできる。

（様式第3-1号）長期修繕計画の作成・修繕積立金の額の設定の考え方

項目	基本的な考え方
Ⅰ　長期修繕計画の作成の考え方	
(1)長期修繕計画の目的	・マンションの快適な居住環境を確保し、資産価値を維持するためには、適時適切な修繕工事を行うことが必要です。また、必要に応じて建物及び設備の性能向上を図る改修工事を行うことも望まれます。 ・そのためには、次に掲げる事項を目的とした長期修繕計画を作成し、これに基づいて修繕積立金の額を設定することが不可欠です。 ①将来見込まれる修繕工事及び改修工事の内容、おおよその時期、概算の費用等を明確にする。 ②計画修繕工事の実施のために積み立てる修繕積立金の額の根拠を明確にする。 ③修繕工事及び改修工事に関する長期計画について、あらかじめ合意しておくことで、計画修繕工事の円滑な実施を図る。
(2)計画の前提等	・長期修繕計画の作成に当たっては、次に掲げる事項を前提条件とします。 ①推定修繕工事は、建物及び設備の性能・機能を新築時と同等水準に維持、回復させる修繕工事を基本とする。 ②区分所有者の要望など必要に応じて、建物及び設備の性能を向上させる改修工事を設定する。 ③計画期間において、法定点検等の点検及び経常的な補修工事を適切に実施する。 ④計画修繕工事の実施の要否、内容等は、事前に調査・診断を行い、その結果に基づいて判断する。 ・長期修繕計画は、作成時点において、計画期間の推定修繕工事の内容、時期、概算の費用等に関して計画を定めるものです。 推定修繕工事の内容の設定、概算の費用の算出等は、新築マンションの場合、設計図書、工事請負契約書による請負代金内訳書及び数量計算書等を参考にして、また、既存マンションの場合、保管されている設計図書のほか、修繕等の履歴、劣化状況等の調査・診断の結果等に基づいて行います。 したがって、長期修繕計画は次に掲げる事項のとおり、将来実施する計画修繕工事の内容、時期、費用等を確定するものではありません。また、一定期間ごとに見直していくことを前提としています。 ①推定修繕工事の内容は、新築マンションの場合は現状の仕様により、既存マンションの場合は現状又は見直し時点での一般的な仕様により設定するが、計画修繕工事の実施時には技術開発等により異なることがある。 ②時期（周期）は、おおよその目安であり、立地条件等により異なることがある。 ③収支計画には、修繕積立金の運用利率、借入金の金利、物価・工事費価格及び消費税率の変動など不確定な要素がある。
(3)計画期間の設定	・30年以上で、かつ大規模修繕工事が2回含まれる期間以上とします。
(4)推定修繕工事項目の設定	**【新築マンションの場合】** ・標準様式第3-2号に沿って、設計図書等に基づいて設定しています。 ・マンションの形状、仕様などにより該当しない項目、また、修繕周期が計画期間に含まれないため推定修繕工事費を計上していない項目があります。計画期間内に修繕周期に到達しない項目に係る工事については、参考情報として当該工事の予定時期及び推定修繕工事費を明示しています。 ・長期修繕計画の見直し、大規模修繕工事のための調査・診断、修繕設計及び工事監理の費用を含んでいます。 **【既存マンションの場合】** ・標準様式第3-2号に沿って、現状の長期修繕計画を踏まえ、保管されている設計図書、修繕等の履歴、現状の調査・診断の結果等に基づいて設定しています。 ・（必要に応じて）建物及び設備の性能向上に関する項目を追加しています。 ・（必要に応じて）屋内共用給排水管と同時かつ一体的に行う専有部分の配管工事に関する項目を追加しています。 ・マンションの形状、仕様などにより該当しない項目、また、修繕周期が計画期間に含まれないため推定修繕工事費を計上していない項目があります。計画期間内に修繕周期に到達しない項目に係る工事については、参考情報として当該工事の予定時期及び推定修繕工事費を明示しています。 ・長期修繕計画の見直し、大規模修繕工事のための調査・診断、修繕設計及び工事監理の費用を含んでいます。
(5)修繕周期の設定	**【新築マンションの場合】** ・推定修繕工事項目（小項目）ごとに、マンションの仕様、立地条件等を考慮して設定しています。 ・推定修繕工事の実施の際の経済性等を考慮し、実施時期を集約しています。 **【既存マンションの場合】** ・推定修繕工事項目（小項目）ごとに、マンションの仕様、立地条件、調査・診断の結果等に基づいて設定しています。 ・推定修繕工事の実施の際の経済性等を考慮し、実施時期を集約しています。

(6)推定修繕工事費の算定	・推定修繕工事費は、推定修繕工事項目の小項目ごとに、算出した数量に設定した単価を乗じて算定しています。 (・修繕積立金の運用益年%、借入金の金利年%、物価変動年%を考慮しています。) ・消費税は、%とし、会計年度ごとに計上しています。
①仕様の設定	【新築マンションの場合】 ・推定修繕工事項目の小項目ごとに、現状の仕様を設定しています。 【既存マンションの場合】 ・推定修繕工事項目の小項目ごとに、現状又は見直し時点での一般的な仕様を設定しています。
②数量計算	【新築マンションの場合】 ・設計図書、工事請負契約による請負代金内訳書、数量計算書等を参考として、「建築数量積算基準・同解説」等に準拠して、長期修繕計画用に算出しています。 【既存マンションの場合】 ・現状の長期修繕計画を踏まえ、保管している設計図書、数量計算書、修繕等の履歴、現状の調査・診断の結果等を参考として、「建築数量積算基準・同解説」等に準拠して、長期修繕計画用に算出しています。
③単価の設定	【新築マンションの場合】 ・修繕工事特有の施工条件等を考慮し、設計図書、工事請負契約による請負代金内訳書等を参考として設定しています。 ・現場管理費・一般管理費・法定福利費、計画修繕工事にかかる瑕疵保険料等の諸経費および消費税等相当額を上記とは①別途設定する方法と、前述の諸経費について、②見込まれる推定修繕工事ごとの総額に応じた比率の額を単価に含めて設定する方法があり、(前者①/後者②)の方法で設定しています。 ・単価に地域差がある場合には、必要に応じて考慮しています。 【既存マンションの場合】 ・修繕工事特有の施工条件等を考慮し、過去の計画修繕工事の契約実績、その調査データ、刊行物の単価、専門工事業者の見積価格等を参考として設定しています。 ・現場管理費・一般管理費・法定福利費、計画修繕工事にかかる瑕疵保険料などの諸経費および消費税等相当額を上記とは①別途設定する方法と、前述の諸経費について、②見込まれる推定修繕工事ごとの総額に応じた比率の額を単価に含めて設定する方法があり、(前者①/後者②)の方法で設定しています。 ・単価に地域差がある場合には、必要に応じて考慮しています。
(7)収支計画の検討	・計画期間に見込まれる推定修繕工事費(借入金がある場合はその償還金を含む。)の累計額を、修繕積立金(修繕積立基金、一時金、専用庭等の専用使用料及び駐車場等の使用料からの繰入れ並びに修繕積立金の運用益を含む。)の累計額が下回らないように計画しています。 (・建物及び設備の性能向上を図る改修工事に要する費用を含めた収支計画としています。) (・機械式駐車場の維持管理に多額の費用を要することが想定されますので、管理費会計及び修繕積立金会計とは区分して駐車場使用料会計を設けています。)
(8)計画の見直し	・長期修繕計画は、次に掲げる不確定な事項を含んでいますので、5年程度ごとに調査・診断を行い、その結果に基づいて見直すことが必要です。なお、見直しには一定の期間(概ね1〜2年)を要することから、見直しについても計画的に行う必要があります。また、併せて修繕積立金の額も見直します。 ①建物及び設備の劣化の状況 ②社会的環境及び生活様式の変化 ③新たな材料、工法等の開発及びそれによる修繕周期、単価等の変動 ④修繕積立金の運用益、借入金の金利、物価、工事費価格、消費税率等の変動
2　修繕積立金の額の設定の考え方	
修繕積立金の額の設定	・修繕積立金の積立ては、長期修繕計画の作成時点において、計画期間に積み立てる修繕積立金の額を均等にする積立方式としています。なお、5年程度ごとの計画の見直しにより、計画期間の推定修繕工事費の累計額の増加に伴って必要とする修繕積立金の額が増加します。 ・修繕積立金のほか、専用庭等の専用使用料及び駐車場等の使用料からそれらの管理に要する費用に充当した残金を修繕積立金会計に繰り入れることとしています。 ・計画期間の推定修繕工事費の累計額を計画期間(月数)で除し、各住戸の負担割合を乗じて、月当たり戸当たりの修繕積立金の額を算定しています。 (【修繕積立基金を負担する場合】算定された修繕積立金の額から修繕積立基金を一定期間(月数)で除した額を減額しています。) (・大規模修繕工事の予定年度において、修繕積立金の累計額が推定修繕工事費の累計額を一時的に下回るときは、その年度に一時金の負担、借入れ等の対応をとることが必要です。)

出典:国土交通省「長期修繕計画標準様式」(https://www.mlit.go.jp/common/001172734.pdf)をもとに当社作成

このように長期修繕計画を作成していくと「工事金額の根拠」について、どこまでの精度を求めるかという議論になることがある。

結論は、マンション内で話し合った先にしかないが、どのような結論になったとしても、その決定事項をこの「様式第3号」に記載しておくことで、再度意見対立があった場合でも、以前の合意内容に立ち戻り検討することができる。長期修繕計画は総会で承認を受けるため、理事会や役員の意向のみで変更できるものではない。積立金の改定は合意形成が難しく、非常に骨の折れる作業であるため、この考え方をマンション全体で共有することにより、積立金改定がしやすくなる。

◉5．工事周期を検討する

長期修繕計画の各項目に工事周期を入力していく。長計標準様式には各項目の修繕周期が記載されているため、修繕履歴を参考に工事時期を調整し、これを元に専門家の点検報告を突合させて協議をしていく。エレベーター等の各種設備については各点検業者から個別に修繕計画を提出してもらえるかを打診する。点検業者は既に対象マンションのデータを把握しているため、修繕周期や工事費の概算をサービスで提供されることが期待される。

◉6．工事費等を入力する

工事周期と同様に、各項目の工事費を入力していく。基本的には30年程度の工事費を想定して入力するため、本来であればインフレ率や将来の経済状況を勘案しなければ正確な工事費は算出できない。ただ、多くのマンションの長期修繕計画は現時点での工事費をそのまま将来の工事費として入力しており、長期修繕計画ガイドラインについてもインフレ率を考慮する必要性については言及していない。

工事費は重要な項目ながら、精度を求めすぎると長期修繕計画作成費用が高額化するものの、上記の理由から30年後の工事費算出の精度が高いとは言い切れない。長期修繕計画ガイドラインでは、長期修繕計画は「5年程度ごとに調査・診断を行い、その結果に基づいて見直すことが必要」と記載されている。

一方で、具体的な工事費は一旦入力しなければならないため、客観的な妥当性と根拠のある数字を入力する。設備については点検業者から提出された概算があればそちらの金額を入力していく。

◉7. 修繕積立金の額の設定を入力する

工事周期、工事費等の項目が完了したら、最後に修繕積立金の額の設定を入力する。計算の仕方が記載されたシートがあるため、国土交通省の「長期修繕計画標準様式」を利用する。なお、国土交通省のホームページには同書式のＥｘｃｅｌシートもあるため活用されたい。

なお、この標準様式では工事費のインフレ率を反映させる項目がないため、インフレ率を設定する場合には別途項目を作成する必要があることに留意をすること。

以上により、長期修繕計画の「素案」が完成する。

作成日／　2021年○月○○日

集会（管理組合総会）で議決された日／　2021年○月○○日

B欄：既存の場合で借入金がある場合は記入が必要です。
様式第4－1号（総括表）の支出欄【借入金の償還金年度合計】の
計画期間の合計を記入します。

E欄：専用使用料、駐車場等の使用料を修繕積立金会計に繰り入れている場合は、
様式第4－1号（総括表）の収入欄【専用使用料等からの繰入額年度合計】の
計画期間の合計額を転記します。

G欄：計画期間中に一時金の予定がある場合は、計画期間に予定する一時金の合計額を記入します。

を上限とする

L欄・M欄：住戸タイプで異なる場合は、「表　住戸タイプ別修繕積立金の額」に記載します。

①	計画期間当初における修繕積立金の残高（円/㎡・月）	101
②	計画期間全体における専用使用料収入等からの繰入額の総額（円/㎡・月）	15

均等積立方式の場合は使用しない

8	J	設定期間Ⅳ(年)	9	
157,440,000	J'	設定期間Ⅳの修繕積立金の総額	221,400,000	
1,640,000	K	月当たりの負担額（J'／（J×12））	2,050,000	
管理規約による	L	戸当たりの負担割合	管理規約による	
表　住戸タイプ別修繕積立金の額	M	修繕積立金の額（M＝K×L）（戸当たり月当たり）	表　住戸タイプ別修繕積立金の額	
5,500	N	専有面積の合計（㎡）	5,500	
298	O	修繕積立金の額（O＝K／N）（㎡当たり月当たり）	373	
82	P	住戸数（戸）	82	
20,000	Q	修繕積立金の額（Q＝K／P）平均（戸当たり月当たり）	25,000	

	期間合計		
J	期間(年)	30	
J'	計画期間全体の修繕積立金の総額	541,200,000	J'≧I　OK
K	月当たりの負担額（J'／（J×12））	1,503,333	
N	専有面積の合計（㎡）	5,500	
O	修繕積立金の額（O＝K／N）（㎡当たり月当たり）	273	
P	住戸数（戸）	82	
Q	修繕積立金の額（Q＝K／P）平均（戸当たり月当たり）	18,333	

表　住戸タイプ別修繕積立金の額

M　修繕積立金の額（円／月・戸）	住戸タイプ	L　負担割合	M　修繕積立金の額（円／月・戸）
（M＝K×L1）		（L1）	（M＝K×L1）
	Aタイプ		
	Bタイプ		
22,960	Cタイプ	0.0140	28,700

③	計画期間全体における修繕積立金の平均額（機械式駐車場分を含む）（③＝①＋②＋O）※残高・基金、その他会計からの振替等含む（㎡当たり月当たり）	389	①＋②＋O

③欄に、計画期間全体における修繕積立金の平均額（機械式駐車場分を含む）が表示されます。

●「長期修繕計画標準様式」（国土交通省）

（様式第５号）　修繕積立金の額の設定

【均等積立方式・段階増額積立方式兼用】

	項 目	摘 要
A	計画期間の 推定修繕工事費の累計額（円）	757,873,078
B	計画期間の借入金の償還金 （元本・利息）	0
C	支出 累計 （C＝A+B）	757,873,078
D	修繕積立金の残高 （＋修繕積立基金の総額）	200,000,000
E	計画期間の専用使用料、駐車場等の使用料、管理費会計からの繰入金	29,130,000
F	計画期間の修繕積立金の運用益	0
G	計画期間に予定する一時金の合計額	0
H	収入 累計 （H＝D+E＋F+G）	229,130,000
I	差額（円） （I＝C－H）	528,743,078

A欄：様式第４－１号（総括表）の支出欄【推定修繕工事費年度合計】の計画期間の合計額を転記します。

D欄：様式第４－１号（総括表）の収入欄【計画期間当初の修繕積立金会計の残高】（修繕積立金基金を含む）の計画初年度の金額を記入します。

F欄：計画期間中に修繕積立金の運用益がある場合は、様式第４－１号（総括表）の収入欄【修繕積立金の運用益】の計画期間の合計額を記入します。

※使用料収入等からの繰入金は、「前会計年度における使用料収入等の総額（実績）」× 計画期間（年）

J欄：様式第３－１号（長期修繕計画の作成・修繕積立金の額の設定の考え方）（３）計画期間の設定で記載した期間を転記します。
段階増額積立方式の場合、設定期間ごとに年数を記載します。

Q欄：修繕積立金の額の平均（戸当たり月当たり）を記載します。

J	設定期間Ⅰ(年)	6
J'	設定期間Ⅰの修繕積立金の総額	59,040,000
K	月当たりの負担額 （J'／（J×12））	820,000
L	戸当たりの負担割合	管理規約による
M	修繕積立金の額（M＝K×L） （戸当たり月当たり）	表 住戸タイプ別 修繕積立金の額
N	専有面積の合計（㎡）	5,500
O	修繕積立金の額（O＝K／N） （㎡当たり月当たり）	149
P	住戸数（戸）	82
Q	修繕積立金の額（Q＝K／P） 平均（戸当たり月当たり）	10,000

J	設定期間Ⅱ(年)	7
J'	設定期間Ⅱの修繕積立金の総額	103,320,000
K	月当たりの負担額 （J'／（J×12））	1,230,000
L	戸当たりの負担割合	管理規約による
M	修繕積立金の額（M＝K×L） （戸当たり月当たり）	表 住戸タイプ別 修繕積立金の額
N	専有面積の合計（㎡）	5,500
O	修繕積立金の額（O＝K／N） （㎡当たり月当たり）	224
P	住戸数（戸）	82
Q	修繕積立金の額（Q＝K／P） 平均（戸当たり月当たり）	15,000

J	設定期間Ⅲ(年)
J'	設定期間Ⅲの修繕積立金の総額
K	月当たりの負担額 （J'／（J×12））
L	戸当たりの負担割合
M	修繕積立金の額（M＝K×L） （戸当たり月当たり）
N	専有面積の合計（㎡）
O	修繕積立金の額（O＝K／N） （㎡当たり月当たり）
P	住戸数（戸）
Q	修繕積立金の額（Q＝K／P） 平均（戸当たり月当たり）

表 住戸タイプ別修繕積立金の額

住戸タイプ	L 負担割合	M 修繕積立金の額（円／月・戸）
	（L１）	（M＝K×L１）
Aタイプ	0.0100	
Bタイプ	0.0125	
Cタイプ	――	11,480

表 住戸タイプ別修繕積立金の額

住戸タイプ	L 負担割合	M 修繕積立金の額（円／月・戸）
	（L１）	（M＝K×L１）
Aタイプ		
Bタイプ		
Cタイプ	0.0140	17,220

表 住戸タイプ別修繕積立金の額

住戸タイプ	L 負担割合
	（L１）
Aタイプ	
Bタイプ	
Cタイプ	0.0140

出典：国土交通省「長期修繕計画標準様式の記載例」(https://www.mlit.go.jp/common/001172738.pdf) をもとに当社作成

◉8. 総会承認

ここまでで完成できたものはまだ「長期修繕計画書」とはいえない。それは「総会承認」を得ていないためである。標準管理規約では総会決議が必要となる（※7）。

普通決議ではあるが、総会決議をとっていないマンションが多い。はっきりした理由はわからないが、単純に手続きがわかっていないだけではないように思う。管理計画認定でも、長期修繕計画書の総会承認を得ることが、認定基準となっている。せっかく完成させた長期修繕計画書を総会決議を得ていないのは「仏作って魂入れず」である。ぜひ、長期修繕計画書を作成したら、総会決議を得てほしい。

▼外部役員就任

昨今、「高経年マンション問題」が新聞、テレビ各種メディアで盛んに喧伝されている。高経年マンション問題とは建物とマンション組合員が同時期に老化して、管理が立ち行かなくなる「2つの老い」が問題であると良く言われている。実際に、マンションの高経年化、所有者の高齢化には相関関係がある。

この「2つの老い」のうち組合員の老いによる理事役員のなり手不足問題を解決すべく、マンション管理士をはじめとした専門家が外部役員として就任されることがある。外部役員については平成30年のマンション総合調査でも「役員のなり手不足」「区分所有者の高齢化」により将来的に必要となれば検討したいと一定の関心が示されている。

筆者にも役員就任の相談が来ており、積極的に就任を検討している。外部役員就任はリス

※7　標準管理規約（議決事項）第48条　次の各号に掲げる事項については、総会の決議を経なければならない。
五 長期修繕計画の作成又は変更

クが高く引き受けられないとしているマンション管理士もいると聞く。確かに、外部役員に就任すると受託者には区分所有法第28条の規定により「善管注意義務」が発生する。相当程度高度な水準の義務を果たすことを期待されるため、一般の組合員が理事長に就任するよりも責任が重くなる。これは、区分所有者の高齢化により外部役員を依頼するマンションで、管理者の権限を持った外部専門家が誤った判断や利益相反行為をした場合に、チェック機能が働くかどうかを考えてもらえればわかるかもしれない。管理者となる外部専門家の責任は非常に重いのだ。

ただ、考えてみて欲しい。この相談をマンション管理士が断ったら、そのマンションはどうなるのだろうか。問題が噴出する高経年マンションの管理を、後期高齢者が老体に鞭打ってどのくらいの管理ができるのだろうか。マンションの管理を適切に行わない影響

●世帯主の年齢（完成年次別・平成30年度）

平成30年度における完成年次別内訳をみると、完成年次が古いマンションほど70歳代以上の割合が高くなっており、昭和54年以前のマンションにおける70歳代以上の割合は47.2%となっている。

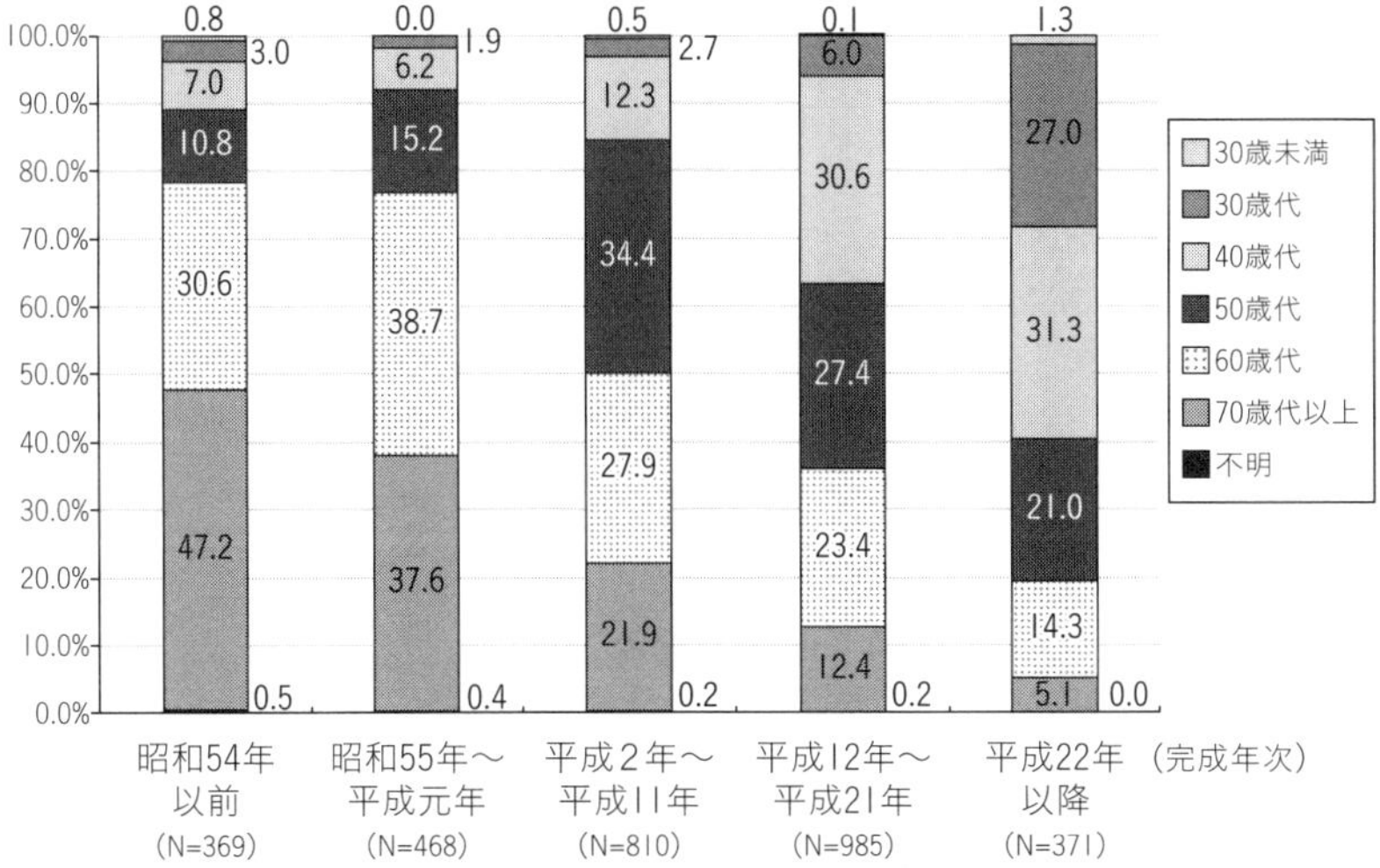

出典：国土交通省「平成30年度マンション総合調査結果からみたマンション居住と管理の現状」（https://www.mlit.go.jp/common/001287570.pdf）をもとに当社作成

●外部役員を選任する意向・理由

外部役員の選任意向は、検討している又は将来必要となれば検討したい意向をもつマンションが28.3%となった。検討理由は、区分所有者の高齢化が37.6%と最も多く、次いで役員のなり手不足が36.5%となった。

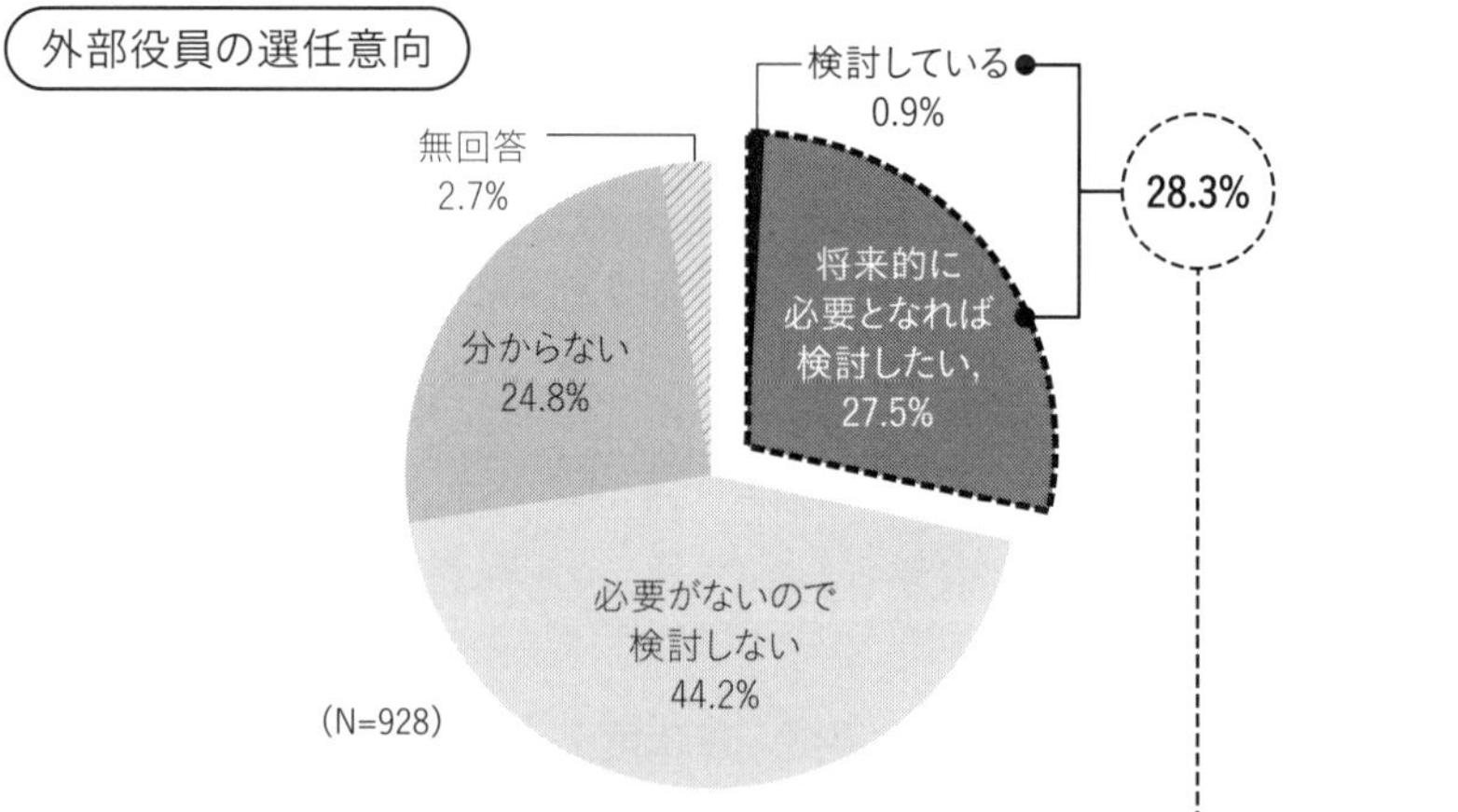

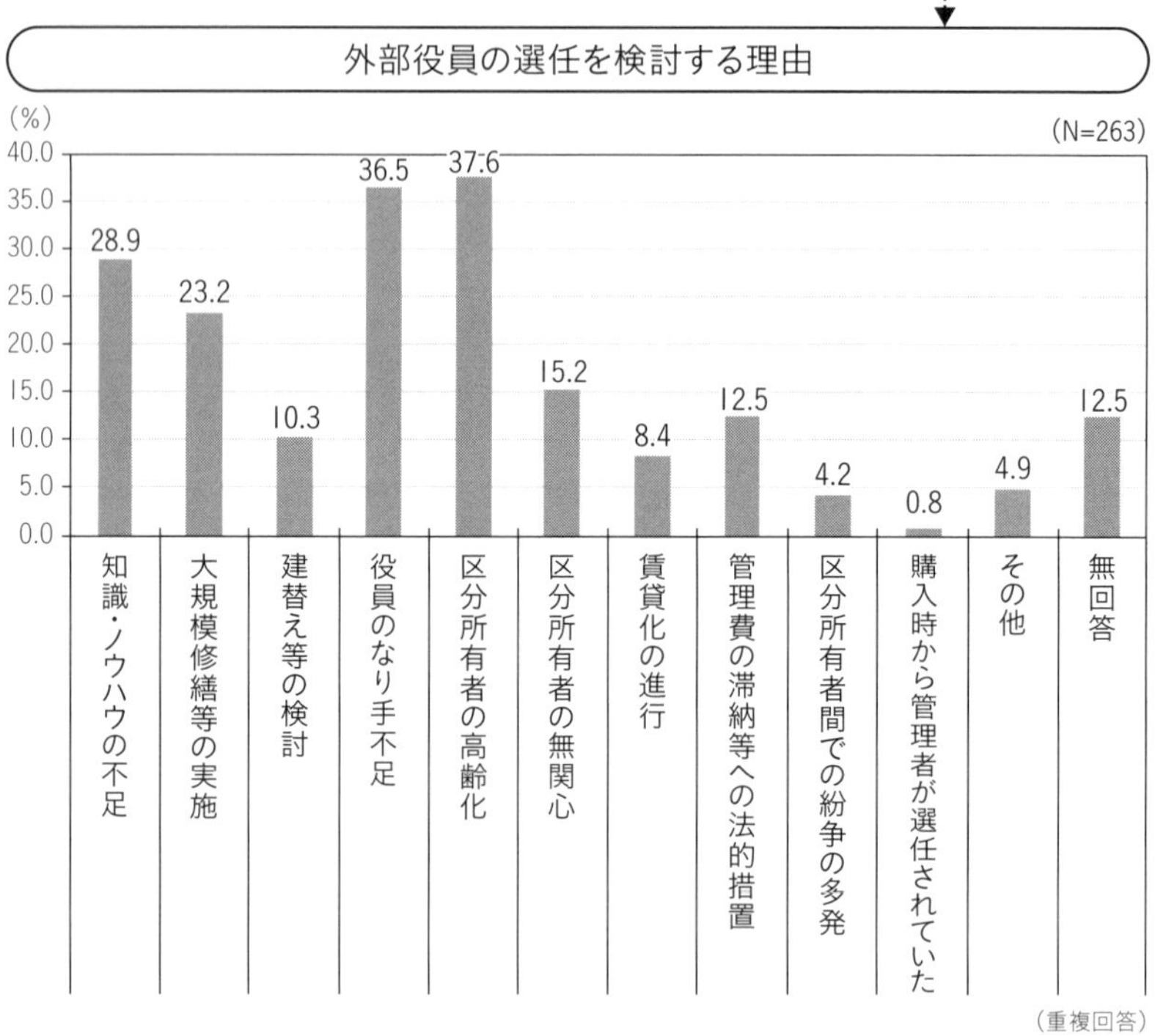

出典：国土交通省「平成30年度マンション総合調査結果からみたマンション居住と管理の現状」(https://www.mlit.go.jp/common/001287570.pdf)をもとに当社作成

は、マンション内だけでなく周辺にも及ぶ。劣化した高架水槽の架台が台風の時に倒れるかもしれない。積立金が足りず工事を先送りした外壁タイルが落下して通行人に当たって怪我をするかもしれない。そんな危険な管理不全マンションを一つでも減らすための専門家が「マンション管理士」なはず。

ぜひ、マンション管理士として業務を行っている皆様においては、外部役員就任の相談があった際は積極的に受託いただきたいと思う。

独自サービスを考える

今まで紹介した仕事内容は多くのマンション管理士が業務メニューとして挙げているものだ。しかし、ライバルが多い地域であれば、差別化し管理組合に価値提供できるものを考えなければならない。他の様々な経験をもとに、管理組合が求めているものを考え、提供していく必要がある。

筆者は、独自に「重要事項調査報告書作成・発行代行サービス」及び「第三者管理（管理者管理）見守りサービス」を提供している。長年、様々な管理組合のサポートをしていく中で、管理組合はマンション管理士にどのようなサポートを期待しているのかを筆者なりに考えたサービスとなっている。筆者はマンション管理士業務で生活できるくらいの収入を得られることを目標に活動しているが、それ以上にマンション管理士の普及と管理不全マンションを減らすことが至上命題のため、もし有用であると感じられたら、ぜひ真似していただければと思う。

重要事項調査報告書作成・発行代行サービス

重要事項調査報告書は管理費の額や各種調査の実施状況等、マンションに関する重要事項をまとめたものであり、不動産取引には欠かせないものである。管理会社との管理委託契約を締結しているマンションでは、多くの場合委託内容に含まれており、管理会社が不動産業者の求めに応じて「有料で」発行している。

重要事項調査報告書は不動産取引の判断材料となるため、判断を誤らせるような間違いがあった場合、訴訟となるリスクがある。

管理会社が発行している場合、この訴訟リスクは管理会社が負うことが多いが、自主管理マンションの場合、重要事項調査報告書の作成責任は組合内の発行者（多くの場合担当理事や理事会）が負う可能性が高い。

重要事項調査報告書は管理組合に発行義務があるわけではないが、不動産業者は取引の際「重要事項説明」をすることを義務づけられている。重要事項説明を作成するための資料として重要事項調査報告書が必要となるため、重要事項調査報告書を発行できない自主管理マンションは不動産業者から敬遠され、取引しにくくなり、資産価値に影響が出る懸念がある。

本サービスは「2つの老い」を抱える「自主管理マンション」の事務作業と責任の削減を目的に考えたものだ。

導入しやすいように、管理組合費用負担はなるべく抑え、管理状況によっては「管理組合の費用負担なし」で重要事項調査報告書の発行業務をマンション管理士に任せることができる。

本サービスにかかる費用は不動産業者から受領する「重要事項調査報告書発行手数料」で賄うため、管理組合の費用負担はない。

管理組合は「重要事項調査報告書」作成事務と責任の軽減ができる。

不動産業者は信ぴょう性の高い「重要事項調査報告書」を受領できる。

マンション管理士は活躍の場の拡大に期待が持てる。

関係者全員が損をしない、「三方よし」のサービスであると自負している。

もちろん、売買件数が少ないマンションであれば、調査はしたものの、その後数年調査報告書作成の依頼がない可能性もある。しかし、マンション管理士から見れば、出来高制の顧問契約を締結しているのと同意であるため、その後有償の顧問契約につながる可能性もある。下手な広告よりもずっと効果が高いと思っているので、営業ツールの一つくらいで考えてもらっても良いのかもしれない。

▼第三者管理（管理者管理）見守りサービス

最近、管理会社による「第三者管理（管理者管理）」への切り替えについての相談を受けることがある。標準管理規約に第三者管理についてのコメントが追記されてから、各管理会社が管理者となる「第三者管理」を積極的に勧めてくる管理会社が増えてきている。

管理会社が管理者に就任した場合、大きな懸念事項が1つある。それは「利益相反」についてである。管理会社が管理者であるため、自社に工事を発注することができるのである。この場合に工事時期や工事金額が適正かどうかを検討する機会が与えられないことがほとんどだ。現在はまだ管理会社が第三者管理を行うためのガイドラインも指針もないため、総会時に承認されていれば問題なしと考える管理会社が多い（※8）。

現状、「管理会社による第三者管理」に対する外部監査については特に必要とされておらず、管理会社側は「総会決議にて承認を受けている」と考えている。都心の新築タワーマンションで実施している第三者管理であれば、総会への上程議案について区分所有者の監視の目とすることはある程度理解できる。しかし、役員のなり手不足や組合員の高齢化により第三者管理を選んだマンションは、同じように区分所有者の監視の目を期待しても良いものだろうか。または、「管理会社による第三者管理」を選んだこと自体を「自己責任」といわれてしまうのだろうか。

無論、全ての管理会社が管理組合と利益相反するわけではないだろう。しかし、逆に全ての管理会社及び管理担当者が聖人君子であるわけもなく、管理の質に良し悪しが出てしまうだろう。筆者は、この「管理会社による第三者管理」には「外部専門家の監視の目」が必要であると考えている。大手管理会社の第三者管理方式の場合、監事に弁護士や会計士を紹介することもあるらしいが、管理会社が紹介した外部専門家が果たして第三者の立場で公平に監査できるのだろうか。

このような理由から、筆者は「第三者管理（管理者管理）見守りサービス」と称して第三者の立場での管理及び「セカンドオピニオン」のサービスを提供している。管理会社と管理組合とが互いに信頼し、協力し合いながら管理をしているマンションには不要なサービスかもしれない。しかし、筆者は実際に第三者管理状態の管理不全マンションを目の当たりにし

※8　なお、外部専門家等の活用のあり方に関するワーキンググループにて管理業者が管理者となる場合のガイドラインを取りまとめている（参考URL：https://www.mlit.go.jp/jutakukentiku/house/jutakukentiku_house_tk3_000141.html）。

て、区分所有者の無関心と管理会社による第三者管理は、場合によっては重大な事態を引き起こす組み合わせであることを知ってしまった。

サービスについては管理組合と管理会社の契約状況にもよるが、主には外部専門家としての理事会・総会への出席、業務状況の確認、工事見積の妥当性の検討等を行う。顧問契約とそれほど変わらないが、必要に応じて管理組合側の住民向けに管理会社の管理状況についての説明を行う。管理会社が自身の口で「適正である」ことを説明したとしても、立場が違えば上手く伝わらないこともあるため、外部専門家として説明を行う。目的はあくまで対象マンションの管理の適正化なので、わざわざ管理会社と喧嘩をしたり、管理組合を過剰に擁護したりはせず、あくまで中立的な立場で意見をする。前にも触れた「第三者性」が、ここでも発揮されるのである。

▼他士業との協力体制を作る

顧問業務や相談業務を行う中で、マンション管理士が一人で仕事を行うには荷が重い問題が発生することも多々ある。そのような時は、弁護士や税理士等の他士業の先生と相談できるようにしておく必要がある。しかし、開業当初から顧問契約は資金的に難しいため、どのような関係を作っておくこと良いのだろうか。

他士業の先生との協力体制を築き方の目安として、「マンション管理士資格を取得しているか」「マンション管理士会に在籍して活動しているか」等が考えられる。マンション管理士としての実務を行っている士業先生の方は、そうでない方とくらべてマンション管理に関する知識がある可能性が高いため、安心して任せられる。また、専門誌に寄稿している方等は実際にどのような回答をしているのかが確認できる。参考にされたい。

弁護士等の士業に依頼するときに気をつけたいことは、マンションについて知識があるかどうかだ。弁護士と一言で言っても、実は得意分野がある。刑事事件に強い弁護士、人権問題に関心の高い弁護士、不動産関係が得意な弁護士と様々だ。そのため、マンション管理について含蓄がある弁護士を選定する必要がある。

管理会社との距離感

元来、マンション管理士と管理会社は競業関係であったが、管理会社のスタンスに変化が見られる。どのような変化かというと、昔は管理会社にとってマンション管理士は「敵」であり、徹底的に排除されていた。前章でも触れた通り、管理会社の粗探しをし、利益のためにリプレイスを煽るようなマンション管理士が多かったため、嫌われるのも当然かと思う。今はというと、一部のマンション管理会社がマンション管理士と協力関係を模索し始めているという。詳細は不明だが、折の人手不足により管理会社のフロントが少なくなっており、フロント業務等をマンション管理士が行うというスキームらしい。マンション管理士の仕事が増えることは大変結構なことであるため素直に応援したい。

13 マンション管理士とADR

マンション内のもめ事解決！

ADRとは？

ADR（Alternative Dispute Resolution）「裁判外紛争解決手続」とは、法務局のホームページでは「裁判によることもなく、法的なトラブルを解決する方法、手段など一般を総称する言葉」と説明されている。

また、裁判外紛争解決手続の利用の促進に関する法律では、「訴訟手続によらずに民事上の紛争の解決をしようとする当事者のため、公正な第三者が関与して、その解決を図る手続」というものと定義している。紛争解決手段の代表的なものである「裁判」との違いは次の通りである。

簡単に言ってしまえば、ADRは「専門家が立ち会いの上での話し合い」である。話し合いの結果に強制執行力はないが、双方の落とし所がある程度見えるのであれば、裁判よりも手軽な選択肢である。

マンションの管理士ができるADR

日管連は認定事業者として、マンション紛争解決センター®を設立している。必要な研修を受けた日管連所属マンション管理士がADR実施者として調停役となり行うADRがマンションADR®である。

マンションの居住者や区分所有者間のトラブルでADRを行うメリットは「非公開」で行われることである。騒音や住民生活によるトラブルは民事裁判になってしまうと公開となってしまう。トラブルが起きたからといって、簡単にマンションを売却して引っ越すことはできる方ばかりではない。トラブルを我慢、許容しながら折り合いをつけて生活する方が多いのではないか。そうかと言って当人同士で話をするのは気が引けるし、実際に話し合いとしたら感情論になり状況がさらに悪化する可能性もある。ADRはそのようなリスクを避けながらできる話し合いであるため、必ずしもニーズは高くないが、必要な方には有用なサービスと考えている。

ADRは今後増える?

マンションADR®の取り扱い件数はそれほど多くないと聞く。トラブルがないのであれば結構なことだが、マンション内には小さなトラブルの種のようなものは無数にある。それらが大きくなる前にトラブルが収まれば良いのだが、前述した通り当人同士の話し合いでは解決に至らないこと

●裁判外紛争解決手続(ADR)について

裁判とかいけつサポートの違い(主なもの)

	裁判	かいけつサポート
実施主体	裁判官	各分野の専門家
秘密の保護	公開	非公開
手続の進行	民事訴訟法に従った手続進行	ニーズに応じた柔軟な手続進行が可能
費用	裁判所の訴訟費用	ADR機関に支払う費用
強制執行力	ある	なし

出典:法務局「裁判外紛争解決手続(ADR)について」(https://www.moj.go.jp/KANBOU/ADR/tetsuzuki.html)をもとに当社作成

も多い。

過去、このようなトラブルの仲介は、管理会社のフロントマンや管理員が行っていた。当然、管理委託契約外の内容であるため、本来は行う必要のない仕事であるが、長く同じマンションを担当、勤務しているとマンション内にも知り合いが増えてくる。知り合い同士が険悪な雰囲気であると考えると、もしかしたら自分が仲介するのが一番上手くいくのかもしれないという気持ちが芽生え、対応したくなる気持ちも理解できる。ただ、これは上手くいけば良いが、失敗した場合はクレームにも発展しかねない。

しかし、最近は管理委託契約外の事項であるため、個人間のトラブルには口を出さない管理会社がほとんどである。「世話焼きのご近所さん」のような方もいない場合にはいよいよマンションADR®の出番なのかもしれない。

14 マンション管理士会所属管理士が行うことができる業務
仕事の斡旋も

▼マンション管理計画認定制度 相談ダイヤル

令和4年4月から始まった「マンション管理計画認定制度」に対する疑問、相談を受け付ける相談ダイヤルの対応という仕事もある。これも、事前に必要な教育を受けたマンション管理士が対応にあたる。マンション管理計画認定制度に対するインプットとアウトプットを行う必要があり、同制度への理解も深まるため、是非積極的に参加されたい。

▼適正化診断サービスの診断実施

マンション管理士会に所属しているマンション管理士にしかできない業務というのがある。一つがこの「適正化診断サービスの診断業務（以下、適正化診断）」である。

これは、「所定の診断業務研修プログラムを修了した診断マンション管理士が、管理運営状況、修繕計画状況、法定点検・修繕工事のほか、防犯対策、防火管理、保険事故履歴などマンションの管理状況全般を対象に、目視・書類チェック・ヒヤリングを行い、診断結果やアドバイスを記載した診断レポートを提供することにより、管理組合様が建物設備や運営等の管理水準の維持・向上を図るための基礎資料として活用できる」ものである。

この適正化診断を行うと、診断したマンション管理士に報酬が支払われる。診断方法は事前の研修にて細かく指導されるため、マンション管理士の業務の一歩としては非常に良いものだと考えている。もしマンション管理士会に所属しているのであれば、是非とも研修を受けて適正化診断を行えるように準備しておくことをお勧めする。

15

需要急上昇の「マンション再生事業」へのアプローチ

難しいからこそやりがいがある

マンションの寿命は？　47年って本当？

マンションはいつまで住めるのだろうか。インターネットで検索すると「マンションの耐用年数は47年」という言説をよく目にする。しかし、47年は鉄筋コンクリート造及び鉄骨鉄筋コンクリート造住宅の「税法上の耐用年数」であるため、安全に建物を使用できるということとは全く関係がない。

筆者の考えとしては、標準的な管理・修繕を行っていれば、旧耐震基準（※1）のマンションでも70年程度は十分に住めると考えている。なぜならば、コンクリートの寿命は諸説あるが、だいたい100年程度は持つと言われている。その点から考えると、筆者の70年程度というのはだいぶ保守的であると感じるかもしれない。しかし、マンションの寿命はコンクリートの寿命だけで語れるほど簡単な問題ではない。マンションの共用設備であるエレベーターや給排水管等の修繕や交換には多額の費用がかかる。住むためには修繕もやむを得ないと考えるだろうが、それはあくまで「居住している区分所有者」の考え方である。

高経年マンションとなると、既に居住していた所有者が亡くなり、相続人の手に渡っているという場合がある。また、賃貸で人に貸しているオーナーは、高経年化により賃料が下落して、マンション売却を目論んでいるかもしれない。そのような「居住していない区分所有

※1　1981年（昭和56年）5月31日までの建築確認。同年6月1日以降は新耐震基準と言われる。

者」にとってはマンションの居住快適性は二の次で、とにかく月々の管理費や修繕積立金等の支出を抑えたいと考えていることもある。

また、「旧耐震基準のマンション」については、「耐震診断」が必須と考えている。旧耐震基準のマンションは「震度5強レベルの地震でも倒壊しない」基準で作られているが、想定よりも大きな地震が発生すれば人命が失われる大惨事を引き起こしかねない。

残念ながら、耐震診断を行う旧耐震基準のマンションはあまり多くない。理由は様々あるが、耐震診断を実施することで「マンションを売却する時に耐震診断の結果を報告する義務」が発生することが一因だろう。このことにより、一部の区分所有者は「耐震診断を行い耐震改修が必要との結果となった場合、多額の費用をかけて耐震改修を行うか、耐震上の懸念がある物件として販売することとなる」との思いから、そもそも耐震診断を行わないと耳にしたことがある。

マンションの寿命は多くの場合、そこに住む人々の考え方により長くもなるし、短くもなる。ぜひ、マンションの最期は多くの方が納得できるように事前に話し合って決めていただきたい。

本当のところ建て替えはできる？

老朽化したマンションは最後解体や建て替え（以下「建て替え等」という）となると言われているが、建て替え等のハードルは、現時点ではとてつもなく高いと言わざるを得ない。困難さは、建て替え等を行ったマンションの数に如実に表現されている。

マンションストック数が約700万戸、そのうち旧耐震マンションストックが約103万戸ある中での23,000戸であるため、その数がいかに少ないかがわかると思う。

なぜこれほどまでに建て替え等が難しいのか。それは大きな要因がいくつもある。

◉多額の費用がかかる

解体であれば戸あたり数百万円、建て替えであれば数千万円の費用がかかる。積立金に多額の余剰があり、解体後の土地に価値があれば区分所有者の費用負担を減らすことも可能だろう。しかし、解体を迫られているマンションはそのような状況にないことの方が多いため、検討していく中で費用負担が見えてきて、支払いが難しいとの意見が散見されるようになって計画が頓挫するという例もある。

●マンション建て替え等の実施状況

●マンションの建替えの実績は累計で**282件、約23,000戸**（2023年3月時点）。近年は、マンション建替円滑化法による建替えが選択されているケースが多い。

●マンション建替円滑化法にもとづくマンション敷地売却の実績は累計で10件、約600戸（2023年3月時点）。

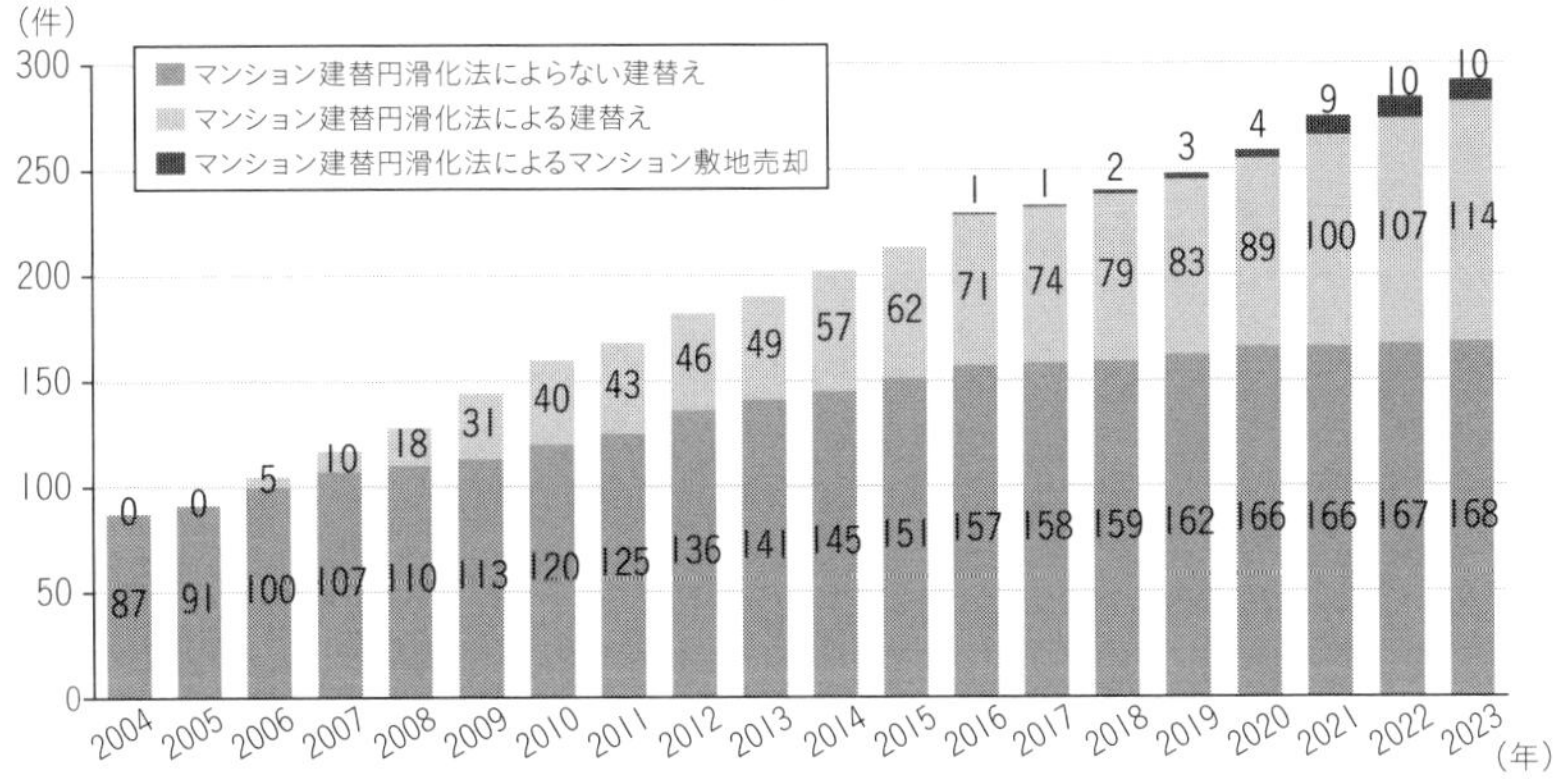

※国土交通省による、地方公共団体等向けの調査をもとに国土交通省が集計
※マンション建替円滑化法による建替え：建替え後のマンションの竣工
　マンション建替円滑化法によらない建替え：建替え後のマンションの竣工
　マンション建替円滑化法による敷地売却：マンション及び敷地の売却
※2004年、2005年は2月末時点、2006年、2007年は3月末時点、他は各年の4月1日時点の件数を集計
※阪神・淡路大震災、東日本大震災及び熊本地震による被災マンションの建替え（計115件）は含まない

出典：国土交通省「マンション建て替え等の実施状況」
（https://www.mlit.go.jp/jutakukentiku/house/content/001623968.pdf）をもとに当社作成

◉合意形成が困難

解体及び敷地売却については区分所有法上で全区分所有者及び全議決権の5分の4の賛成が求められている。また、解体及び敷地売却については全区分所有者の賛成が必要とされている（※2）。

当初、マンションは古くなったら「建て替えを行う」という想定のもと法整備がなされている。解体については区分所有法では規定されておらず民法の規定を参照する。

▼再生事業でのマンション管理士の役割

建て替え等の再生事業の中でマンション管理士ができることはなんだろうか。前述の通り建て替え等は絶対数が少ないため、建て替え等に関わった経験がないマンション管理士がほとんどである。しかし、マンションの所有者には物事をスムーズに理解できる方だけではない。高齢者等に時間をかけながら丁寧に説明することが必要な場合も多々ある。ここは、外部の専門家としての「第三者性」を存分に活かして組合員間の議論を見守り、ファシリテーション能力を存分に発揮して欲しい。

そのためには、国土交通省が作成したガイドライン等の内容は最低でも知っておいた方が良い。

※2 解体については5分の4の賛成で可能となる法整備が準備されている。

Column CASE 3

マンション管理士は清貧たれ

時に、マンション管理士の業務は管理組合の財産の管理にも及ぶことがある。実際に通帳を預かるという場面は稀だろうが、外部理事長や管理者となれば、理事長印を預かる場面が出てくるかもしれない。この場合、絶対に必要なマンション管理士の資質として「お金に汚くない」「お金に困っていると思われない」というのがある。例えば、管理組合の財産を全てお任せする相手方がお金に困っているような人に信頼を置いてお願いできるだろうか。魔が差して横領などということは万が一にもあってはいけない。金銭事故を起こせば、管理組合としての信頼を落とすことになるし、マンション管理士も登録取り消しとなる可能性が高い。

なぜそのような心配をするかというと、実際に金銭を取り扱うマンション管理会社が度々「金銭事故」を起こしているからだ。

国土交通省のホームページに「ネガティブ情報等検索サイト」というものがある。ここには直近のマンション管理業者が処分された内容が記載されているのだが、その中に「元社員の管理組合の財産の着服」等が数件出てくる。

マンション管理と着服・横領の問題は筆者がマンション管理業に従事するもっと昔から問題となっている。なぜ着服・横領がなくならないのか。筆者の私見であるが「賃金が安い」「着服が容易」「発覚しにくい」ためだと考えている。というのも、大概のマンション管理組合では「着服・横領対策」がなされておらず、性善説に頼り切った金銭管理を行っているからだ。それが、時には道端に落ちている小銭をネコババする位の感覚で管理組合のお金に手を付けてしまう。管理員も、フロントマンも、マンション管理士も皆同じ人間であるため「マンション管理士であれば高い倫理観を持ち合わせているため問題ありません」などとは言えない。管理組合の金銭管理は誰も手を付けられないようにチェック可能なシステムにする必要がある。

そのため、筆者が関与するマンションでは、横領等が起こらないような金銭管理の提案をしている。提案といっても大層なものではない。自主管理マンションでは「現金や会計状況を毎月チェックする」だけである。管理会社と管理委託契約を締結していれば毎月「月次報告書」を作成し、会計状況の報告を受けることが当たり前になるが、自主管理マンションでは標準管理規約通りの運用であれば年に1度の報告のみで足りることになる。いくら信頼できる理事役員であっても「人の目が入らない」とわかってしまえばどうなるかわからない。変な気を起こさせないように人の目を入れる仕組みが必要なのだ。

一方、管理会社と管理委託契約しているマンションではどうか。前述の通り、毎月月次報告書が発行されるため、会計状況の確認は「表面的には」可能である。「表面的」とはどういうことか。会計帳票は作られた書類であるが、その根拠に触れる機会というのは実は少ない。根拠というのはつまり「通帳の原本」「領収書、請求書の原本」である。信頼関係のもと、通帳のコピーや領収書の写しで簡略化してチェックをする場合も多々あるが、コピーは簡単に「偽造できる」というデメリットがある。

大規模マンションとなれば積立金の額は数億円規模となることもある。大半は善良な人たちばかりだが、中には良からぬことを考える輩もいる。マンション管理士であれば、そのような場面で冗談でも「着服・横領」の話題は出さないものだ。着服で得たお金では何も満たされない。管理組合のお金に手をつけるくらいなら、清貧でいた方がずっと豊かだと伝えたい。

第4章

マンション管理士の日常

[働き方・休日・家事育児]

16 毎日が営業日！

オンとオフの境目

▼理事会総会もリモートの時代

コロナ禍では、マンション管理業務は大きな制限や業務変更を余儀なくされた。例えば、感染拡大を防ぐため、対面での理事会や総会の開催を制限し、WEBを利用したリモート理事会や総会の開催が行われた。また、区分所有法では1年に1回の集会（総会）が義務付けられているが、法務省はコロナ禍により総会が開催できなかった場合「前年の集会の開催から1年以内に区分所有法上の集会の開催をすることができない状況が生じた場合には，その状況が解消された後，本年中に集会を招集し，集会において必要な報告をすれば足りるものと考えられます。」とのお知らせが示された（※1）。

なお、公益財団法人マンション管理センターは「ITを活用した総会等を開催するに当たって、規約の改正等は必ずしも必要ない」との見解を示した（※2）。

そのコロナ禍も終わり、マンション管理の世界も少しずつコロナ禍前の状況に戻りつつあるが、リモート理事会や総会は役割を終えることなく普及の一途を辿っている。理由としては、遠隔地に住む理事役員が管理組合活動に参加できるうえ、管理会社やマンション管理士にとっても理事会参加の為に現地に行く必要がなくなるため、移動時間の削減にもつながるためだ。昨今、マンション管理会社では「働き方改革」が叫ばれており、業務時間の短縮が

※1　法務省「マンションの管理組合等における集会の開催について」(https://www.moj.go.jp/MINJI/minji07_00024.html)。

※2　マンション管理センター：ITを活用した総会・理事会の開催に関するQ&A (https://www.mankan.or.jp/cms-sys/wp-content/uploads/2022/03/20220307_CORONA-ITQA1.pdf)。

あの手この手で図られている。その中で、理事会のために現地に赴く移動時間が削減できることは非常に大きい。例えば、多くの新潟県内の管理会社は新潟市内に拠点を置き、県内のマンションを担当している。新潟市内から長岡市まで車で約1時間、上越市まで約1時間半、リゾートマンションの多い湯沢町までは約2時間弱かかる。短くて半日、長ければ一日仕事になる。他の県では、県を跨いで理事会に参加する例もあると聞く。

また、Zoomをはじめ、オンライン会議ツールの種類も増え、特に事前準備をしなくても、スマホがあればすぐに参加できるものもある。中にはWEBやパソコンに疎い方もいる場合もあるが、そのような方は従来通り集会室等に参集していただくハイブリッド方式で参加可能だ。

「呼ばれてなくても行く」くらいの気構えが必要

顧問業務というのはとかく受け身になりがちなところがある。本来そういうものと言ってしまえばそれまでなのだが、それで価値提供ができるのだろうか。

忙しくなるとまず一番先に現地訪問、巡回を減らすフロントマンが多い。何故かというと、現地には多くの場合管理員がいる。そのため、管理員に現地確認させ、報告をもらうということができるためだ。場合によっては巡回が多く、事務処理が疎かになるフロントマンもいた。そのため、巡回を減らす指示を出される場合があるほどだ。

マンション管理士としての活動を行っていく上で気をつけてほしいことだが、マンション管理士自体があまり普及していないため、「管理組合側もその使い方をわかっていない」という問題がある。弁護士には法律の相談を、税理士には税務関係の相談とわかりやすいが、マンション管理士については「マンションに関する困りごと全般の相談」となる。相談を電話やメールだけの対応を行うのも良いが、経験のないマンション管理士ほど、現地に何度も足を運んでほしい。理事役員とのコミュニケーションを取り、さまざまな季節、天候の時にマンションに訪問することで、色々な疑問、指摘が出てくる。受け身でいるのではなく、何かにつけて訪問、話をするタイミングを見つけていきたい。

17 マンション管理士の生活

時間はあれど悠々自適とはならない

▼マンション管理士の一日

筆者はマンション管理士として独立して2年目となった。ありがたいことに忙しい日々を送っている（報酬の有無は別として）。副業や家庭の仕事を両立している個人事業主である筆者は、一日どのような生活を送っているのかを記してみたい。ある一日の予定は以下の通り。

6：00　起床～朝食
7：00　長女登校
7：30　妻出勤

ゴミ捨て〜朝食の食器洗い

8：00 次女保育園登園

8：30 業務開始

メール整理

会合、理事会資料見直し

ブログ記事執筆

12：00 昼食

13：00 移動

14：00 打ち合わせ

15：00 会合出席

17：30 移動（子供は義父がお迎え）

19：00 理事会出席

21：00 移動（車中で夕食）

22：00 帰宅〜洗濯

24：00 就寝

現時点では、1週間のうち一番忙しい日でこの程度である。管理会社フロントマン時代は、理事会総会を週に少なくとも3、4本こなしていたことを考えると、会合の回数は明らかに少なくなっている。役割が違うため単純に比較はできないが、フロントマンは理事会の宿題や調べ物等準備することが多かった反面、マンション管理士はその資料の確認、想定問答等を考えるのみであるため、時間としては少ない。ただ、その分日頃の勉強は欠かせなくなった。

▼時間があれば勉強

「マンション管理士」という名に泥を塗るわけにはいかないので、マンション管理についての知識を常に学ぶ必要がある。

具体的にどのような勉強が必要となってくるのだろうか。

◉マンション関連法令

マンション管理士に関係する法律はそれほど多くない。区分所有法、適正化法、建替え円滑化法等であり、頻繁な改正もない（※1）。

◉補助金情報

管理組合の大きな関心事の一つはやはりお金である。マンションの適正な管理は社会が望むことであるため、管理適正化に資するような様々な補助金を国や自治体は用意している。そのため、最新の補助金情報には常にアンテナを張っておく必要がある。

◉設備、建築知識

マンションの設備や建築の進歩は日進月歩である。そのため、常に新しい知識を学ぶ必要

※1　2023年12月時点、区分所有法は「今後のマンション政策のあり方に関する検討会」にて改定に向け検討中。

がある。「設備、建築の移り変わり」や「各設備や工法のメリット・デメリット」「費用の相場観」は良く聞かれるため、知識として整理しておきたい。無論、その筋のプロには敵わないため、専門的な内容については専門家に繋ぐ程度に留めるようにしたい。

一つ、注意が必要なのは「紹介責任」である。本当に良いものかどうかわからない設備や工法も世の中にはとても多い。具体的な例示は避けるが、一定数に普及している設備が「効果がない」等の評価を受けているものもある。万が一、紹介したサービスや工法に大きな欠陥があった場合、紹介したマンション管理士自身の評判も下がってしまう可能性がある。また、あまり執拗に紹介をしていると、紹介先企業と手数料のやり取り等特別の関係を疑われてしまうこともある。加減が大切である。

◉地域の不動産状況

マンション管理士はマンションの組合員だけでなく、マンションの居住者ともコミュニケーションを取る機会が多分にある。その場合に「当該マンションはいくらくらいで取引されているか」「賃貸で住むとしたらいくらくらいか」「近隣土地の坪単価」くらいは、会話の引き出しとして把握しておきたい。

マンション管理士が、不動産の情報を仕入れる必要があるかどうか疑義があるかもしれない。しかし、建て替えや敷地売却の際には土地価格や移転先の賃料等の情報は必要となってくるため、全く不必要な情報ではない。

◉話法

マンション管理士は「人と話す」ことが多い。そのため、話がある程度魅力的でないとなかなか顧問として選んでいただけない。話がつまらないというだけでなく、聞き取りにくい、なんとなく話が合わないと言われてしまうとそれだけで大きなマイナスポイントとなる。そのため、筆者は滑舌良く喋るため、車の運転中に大きく口を動かしたり、早口言葉を練習したりしている。また、話の順番等を意識しながら喋る等話し方の訓練も定期的にしている。

18 それでもやっぱりお休みは大事

休日の有効利用

▼休日の過ごし方

サラリーマン時代は決められた休日があるが、個人事業主となると働くか休むかは個人の裁量となる。というか、感覚的には休みと仕事の境目が無くなるという言い方のほうがしっくりくる。「独立すると休みがなくなるから大変」と周囲からも言われていたため、覚悟していたことではあるが、これが意外と苦になっていない。開業から日が浅く、業務もそれほど多くないというのもあるかもしれないが、管理会社での長年の勤務により鍛えられたということも関係しているかもしれない。

昔の管理会社はコールセンターも無く、居住者から電話があれば深夜でもマンションに駆けつけることを会社から求められている時代もあったらしい。筆者が入社した頃はそんなことはなかったが、それでも電話は休日でも深夜でも出られるように指導されていた。その頃にすっかり鍛えられたこともあり、休日でも深夜でも、脳が休みを求めない状態になっている。また、電話に出られるように飲酒を控えていたため、いまだに晩酌の習慣が体に染み付いていないことはある意味感謝している。

このような生活を長年送っていたため時間やお金のかかる趣味も特になく、自分の娯楽のための休暇は基本的に必要ない。しかし、そうは言っても稀に起こる家族の体調不良と家族サービスだけは時間を使う必要がある。土日の2日間の休日を家で過ごすことは、筆者にとってては気になるようなことではないが、子供達にとってはストレスになるらしい。そのため、1週間の休みのうち、1日は意識的に何処かに出かけるようにしている。子供も小さいうちしか遊んでくれないため、今のうちにたくさん思い出を作っている。

では、家族サービス以外の休みはどのように過ごすのか。これはもう仕事である。といっても締め切りのない事務作業を、お気に入りの音楽を聴きながらゆっくり処理したり、セミナーの動画を視聴したりするのである。時には、近くの温泉施設で資料を読んだりと、ストレスにならない程度の仕事をする。無理に仕事のことから離れると、何もやっていないことが逆にストレスになってしまうし、家族の体調不良で急に仕事ができなくなることがあったとしても、前倒しで仕事を済ませておけばイライラせずにすむ。

▼フルタイムで勤務する妻との役割分担

筆者の家庭は、筆者が個人事業主であり、妻が正社員としてフルタイムで勤務をしている。

子供は小学校1年生の7歳の長女と、年少の4歳の次女の2人である。「小1の壁」という言葉の通り、共働き世代は家事と育児と仕事の時間配分が難しく、仕事を辞めざるを得ない事態になると聞く。

筆者の家庭も、独立した理由の1つとして、家庭の時間の使い方というところもあった。前職も大変に子育てに理解のある会社ではあったが、それでも締め切りが多いし、自分の仕事を誰かが代わりに処理してくれるような状況ではなかったため、結局は妻や義父に迷惑をかけながら仕事をしており、それが筆者も妻も大きなストレスだった。今は前職のフルタイムのサラリーマンという身分より比較的時間の自由がつきやすいため、家庭内のストレスは軽減されたと感じている。

現在、どのような役割分担で、家事育児を行っているのかを記してみたい。

◉妻

勤務時間　月～金　8：30～17：30　月に1回程度土曜・祝日出勤あり。

通勤時間が1時間程度かかるため、勤務日は7：30には家を出て、18：30頃帰宅。

子供の面談や運動会等のイベントは有給休暇を使い参加。

夕食後の洗い物は積極的に実施。

洗濯はその日の体調により実施。

子供の風呂、寝かしつけ担当は妻。

◉筆者（夫）

勤務時間　不定

マンションの会議がなければ朝や夕方は時間に余裕があるため、子供の送り迎えやゴミ出しは筆者の仕事。夜にマンションの会議がある場合は同じ街に住む義父や義妹に迎えを依頼している

夕食作りや買い出しは、現在は筆者の方が頻度が高い。得意料理はカレー、チャーハン、豚汁。揚げ物が多いと叱られたりする。

家事の分担はあまりはっきり分かれているわけではない。筆者も妻も、一通りの家事はできるため、その日の体調によって分担しているくらいのニュアンスで行っている。ちなみに、今のところ夫婦関係も良好である。多分、こだわりがある部分があまり重ならないため、意見が衝突するということがない。筆者の可処分時間も増えて、以前に比べて家事の負担が減ったことも要因の一つだと思われる。

筆者がサラリーマン時代は、とにかく朝が早かった。というのも、筆者も通勤に車で1時間程度かけており、子供の機嫌によって保育園の送迎が間に合わず、遅刻することもしばしばだった。会社と相談して勤務時間の変更等の措置を受けたが、家庭と仕事の両立は難しく、退職の一因となった。

また、子育てをしていると子供の体調不良による保育園からの急な呼び出しも日常茶飯事だ。正社員だったときは妻に頼りきりだったが、今は筆者の方が都合を付けやすいため迎え

に行くことも多い。

　どうしても子育て家庭という事情から仕事を最優先というのは難しいが、子供がある程度成長するまでは今の働き方を続けようと思っている。

無理な人脈形成の是非

　個人事業主として開業するにあたり、必ず話題になるのがいわゆる「人脈」についてだ。色々なビジネス本や開業関連の本には「飲み会で人脈を広げろ」とか「異業種交流会に積極的に参加しろ」とか書いてあるが、筆者は「人脈」という言葉があまり好きではない。無論、マンション管理士としての仕事を行っていく上で、他分野の専門家の力添えは必要だ。ただそれは、必ずしも「人脈」として形成しなければならないものではなく、「契約」で広げていくだけで十分な場合も多い。また、人と会っていればマンション顧客と会う確率も増えてビジネスチャンスに広がるという考え方もできるが、大都市圏ならいざ知らず、地方都市ではマンションに住む人は一戸建てに住む人に比べて極々少数である。

　筆者は晩酌もせず、基本車移動のためお酒を飲む機会はほとんどない。体質的にお酒が飲めないわけではない。むしろお酒好きで、飲み会も大好きだ。ただ子育て中である都合上、妻にばかり家事を負担させるわけにはいかないため、人脈形成のため飲み歩くようなことはできない。

　交流会や人脈形成自体を否定するつもりはないが、まずは自己研鑽し、相手方に価値提供できるようになることが先であると筆者は考えている。

Column

CASE 4

自分の身を守るための勉強

マンション管理士として働いているが、日々業務に関する勉強が必要だと感じることが多い。会社員と違い、後ろ盾となる上司や会社もないため、ミスをした場合は自分でミスの処理や信頼回復を行う必要がある。また、会社組織であれば顧客に損害を与えても、一時的には会社が損害を負うが、個人事業主であればマンション管理士自身がその損害を賠償しなければならない。一つのミスが命取りとなることだってあるのだ。マンション管理士を始めて、自分の信用、財産を毀損せずに仕事を続けることの難しさを肌で感じている。

そのようにならないためにはどのような勉強をする必要があるか。無論、マンション管理士の業務の知識量を増やす勉強は必須ではあるが、個人事務所の経営についての勉強も重要である。消費税の計算方法やインボイス制度、補助金情報、万が一に備える保険、源泉徴収などなど、サラリーマン時代には全く触れて来なかったようなことも理解する必要がある。

また、知識を得るためのセミナーが多く開催されているが、最近増えているのが「録画されている動画を見るオンラインセミナー」である。時間や場所を選ばすに参加できるというメリットはあるが、一方で「本当にこのセミナーで知識を得られたか確認できない」というデメリットもある。リアルセミナーであれば時間的な拘束を受け、周りの目もあるため話を聞かなければならないが、オンラインセミナーであれば再生の有無程度しかチェックができない。ついつい怠け心で飛ばし見したセミナーで重要なことを言っているなんてこともあるため、リアルセミナー中と同じ態度でオンラインセミナーを受けることをお勧めする。

勉強する際に重要なこととして「いかに一次情報に触れるか」というものがある。本や動画もそうだが、同じような情報が書かれていたとしても「どこの情報を元にした発信か」が書かれている。マンション管理士業であれば、広い知識が必要となるが、ことマンションに関する情報については、動画から拾った情報でなく、国土交通省が出している情報や、権威ある大学教授がしたためた専門書の情報を基礎とすることが重要だ。動画が悪いということではないが、個人で行っている発信は間違いも多く含まれている場合もある。例えば本書であっても、なるべく省庁が出している情報を元にして、間違いがないように作成しているが、一般化して書いているため、特殊なマンションにおいては当てはまらず「間違っている」と思われてしまうこともあるかもしれない。また、勉強といえば「資格勉強」も有効である。このように言うと「本業を極めるのが先だ」と言われたりもするが、筆者はそうは考えない。

別の資格を取得することでマンション管理士との「資格の掛け算」で別の価値が創出できるかもしれない。何が功を奏するかは誰にもわからないので、ぜひ自分の信じた道を突き進んで欲しい。

個人事業主となるための手続きは、所轄の税務署に開業届を提出するだけである。資格や講習などは必須ではない。そのため、開業届を出した瞬間から、一初心者経営者として厳しいビジネスの世界に放り出されるということを肝に銘じて欲しい。

ミスをした場合の損害を減らすためにはどのような準備が必要か、誰も教えてくれない。自分を守れるのは自分だけ、その気構えを忘れずに、緊張感を持って業務に当たって欲しい。

第5章

マンション管理士のこれから

[マンション管理士の未来]

19 マンション管理士の未来は明るい！　と思えるこれだけの理由

ついに日の目を見るか？

▼マンション管理士のこれから

「マンション管理士」試験は2023年で23回目となる。回を追うごとに受験人数が減ってきており、合格者も毎年1,000人程度の規模でそれほど多くない。前述の通り「活躍しているマンション管理士が少ない」上に「稼げない」マンション管理士が、今後どのようになっていくのだろうか。もしかしたら資格自体が廃止されてしまう、新規試験が受けられなくなってしまう等の心配をされている方もいるかもしれない。

筆者は「マンション管理士の未来は明るい」と断言する。これからマンション管理士の需要が増える要因が非常に多いためだ。理由は以下の通りである。詳細はそれぞれ後述する。

◉「高経年マンション問題」唯一の担い手

高経年マンションの定義は特にないが、概ね築後35～40年経過したマンションを指す。毎年新しい分譲マンションが建設されていくため、マンションの数は増えていく。一方、高経年マンションは建て替えや解体等で減っていくのかというと全く減らない。

◉管理会社の「働き方改革」

人件費の高騰、フロントや管理員の人手不足、管理の高度化、古いマンションの管理リスク等により、多くの管理会社は今仕事の仕方を大きく変更せざるを得ない状況となっている。目に見える動きは「第三者管理方式への移行」「地方都市からの撤退」「周辺業務の縮小」である。

◉自治体との連携強化

現在、自治体と一緒に仕事をしているマンション管理士会が増えてきている。一例を挙げると、東京都ではマンション管理士などの専門家をマンションに派遣する「マンションアドバイザー無料派遣」を行っている。

◉競合他社の不在

マンション管理士の一番の競合はマンション管理会社であると前述したが、これは広義の話である。「マンション管理コンサルティング」と絞った場合、極端に競合他社がいなくなる。法的な部分は弁護士、建築については建築士には敵わないが、マンション管理全般を網羅できるとなると、マンション管理士とマンション管理会社の独壇場となる。今後キーワードになっていくと思われる「ジェネリック管理会社」構想と併せて後述していく。

マンション管理の顧客は増える一方

「少子高齢化」「空き家問題」がテレビや新聞で繰り返し喧伝されていても、新築マンションは日々建設されている。人口減少時代の日本に、マンションを作り続けない方が良いという意見もあるかもしれないが、それは実現しない。よく「某業界は非生産的であるため日本に不必要だ」という物言いを目にすることがある。マンションデベロッパーはマンションを建設するということが「仕事」であるため、ビジネスとしてマンションを作り続ける。そして、マンションデベロッパーだけでなく、多くの建設業に関わる会社や人の雇用を創出している。マンション建設を急に止めることは、関係している人の生活に大きな影響があるためできないのだ。そのため、国が住宅の総量規制でも行わない限り、新築マンションはこれからも増え続けるだろう。

一方で、古いマンションが解体されているかというとそんなことはなく、第1章でも触れた通りマンションストック数は日々増えていく一方である。過去の

●築40年以上のマンションストック数の推移

●2022年末で、築40年以上のマンションは約125.7万戸存在する。
●今後、10年後には約2.1倍、20年後には約3.5倍に増加する見込み。

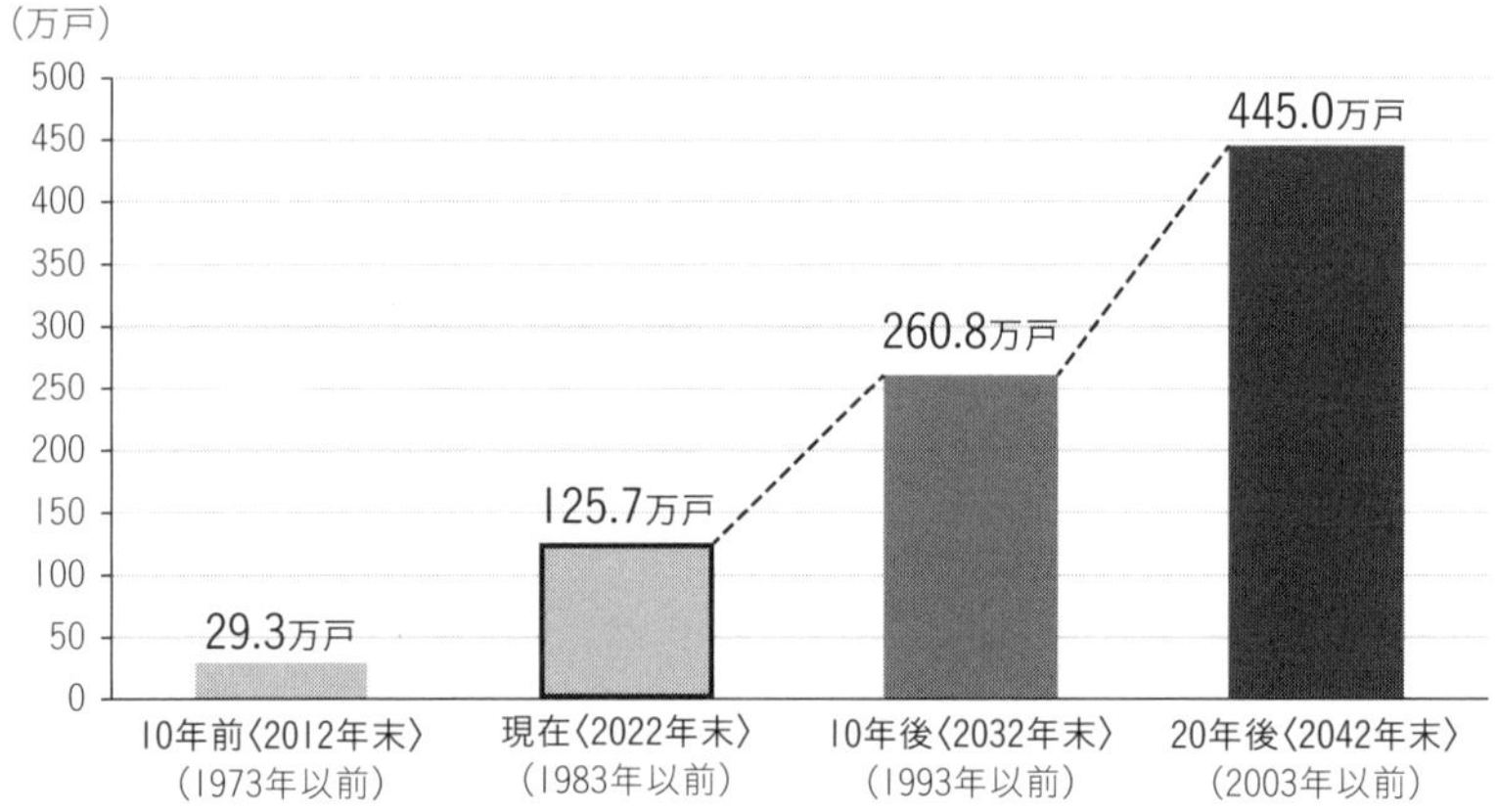

※(　)括弧内は築40年以上となるマンションの築年を示す。
※建築着工統計等を基に推計した分譲マンションストック戸数及び国土交通省が把握している除却戸数を基に推計。

出典:国土交通省「築40年以上のマンションストック数の推移」
(https://www.mlit.go.jp/jutakukentiku/house/content/001623967.pdf)をもとに当社作成

マンションブーム時に建設されたマンションが今後一斉に古くなるため、高経年マンションは今後10年毎に倍増していく見込みである。

今後区分所有法の改正により、建て替えや解体の定数変更等により合意がしやすくなるという期待はある。しかし、建て替えや解体の問題点は合意の難しさだけではない。合意の問題が解決すれば、次は「資金」「協力デベロッパー探し」という別の問題が待っている。建て替えや解体を選ばないマンションは、難易度の高い「高経年マンションの管理」を続けていくことになる。「建て替えか管理継続か」という難しい選択を、素人が判断しなければならず、実際判断できずに管理を継続しているマンションが多い。ここにマンション管理士の出番が来る。

実際、筆者に寄せられる相談は、高経年マンションからのものが多数である。マンションが存在する以上、管理の形式や質はともかく、管理はしていかなくてはならない。管理の担い手不足は改善する見込みがなく、今まで声が掛からなかったマンション管理士にお鉢が回ってきているように感じる。

大手管理会社は地方から撤退している？

全国に管理業登録している管理会社は執筆時点で1849社（2023年12月現在）ある。国土交通省の資料では2007年（平成19年）をさかいにこの数は減少に転じている。

うち新潟には33拠点ある。そしてその数も年々減ってきている。理由は様々だが、管理物件減少による撤退、廃業、合併が多いと聞く。

　また、全国展開しているにも関わらず、新潟をはじめとした地方都市に拠点のないマンション管理会社も実は多い。マンション管理業は基本的にスケールメリットが大きい業種である。スケールメリットとは、例えば、スーパーでジュースを1本買うのと1ダース買うのでは1ダース買う方が安くなるというような、数を集めることで得られるメリットのことである。多くのマンションを管理することになれば、再委託先の点検業者等との交渉が有利になる。エレベーター業者との保守契約を締結する際、管理組合の1台の保守契約と、大手管理会社の数千台の保守契約は同じ金額だろうか。この文脈であれば大都市圏でも地方都市でも、管理棟数さえ増やしていけばメリットは大きくなるはずだが、なぜ撤退していくのか。筆者の推測も交えての話で恐縮だが、以下に記していきたい。

●マンション管理業者数の推移

●登録を受けたマンション管理業者は1,934業者（令和3年度末時点）。受託した管理組合の数は70,071組合（平成16年度末）から113,476組合（令和3年度末）に拡大。

マンション管理業者数及び受託管理組合数の推移

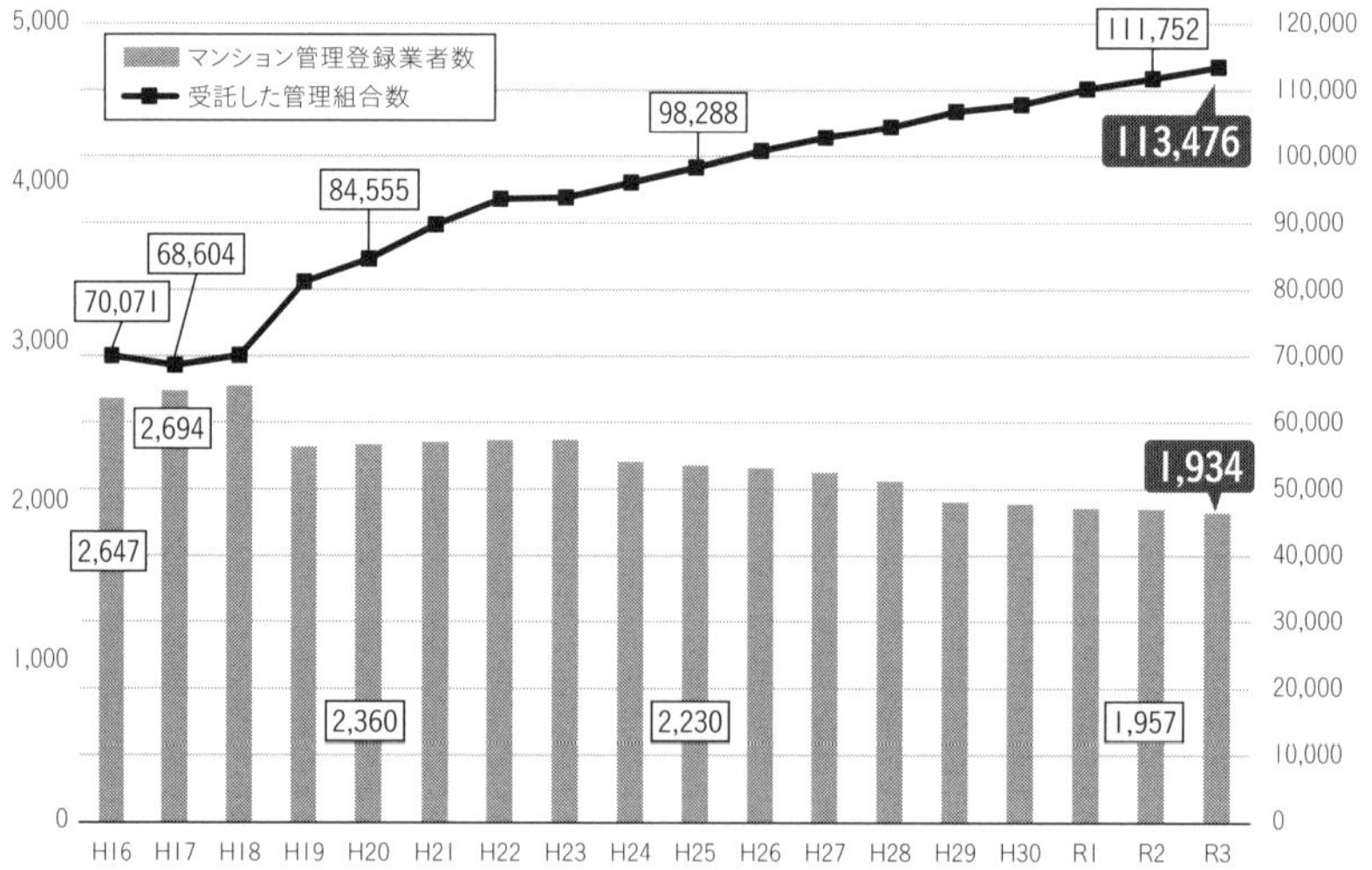

出典：国土交通省「テーマ不動産管理業の未来」
（https://www.mlit.go.jp/tochi_fudousan_kensetsugyo/const/content/001585073.pdf）をもとに当社作成

◉人手不足と人件費の高騰

マンション管理を行うには実務を行う人が必要である。現場で働く管理員、清掃員。管理組合との窓口となるフロントマン。収納、出納業務を行い、会計資料の作成を担当する事務員。工事や設備等の見積、施工管理を行う工事担当者。その全てが不足している。特に管理員不足はかなり深刻だ。

管理員は他の企業を定年退職した方の第二の就業先として人気だった。しかし、令和3年4月に施行された「高年齢者雇用安定法」により、各企業が努力義務ながら70歳まで就業機会の確保を始めたため、管理員のなり手不足が発生した。そのため、管理員を直接雇用するのではなく、派遣社員等を使いながらなんとか業務に穴を開けないように対応していた。しかし、ここにきてもう一つの問題である「人件費の高騰」が発生した。

管理会社は製造業ではないため大規模な設備投資等の必要がない代わりに、人件費が原価の6~7割を占めると言われている。そのため、人件費の高騰は他の業態よりも影響が大きい。安い労働力の確保が難しくなり、採算が悪化したマンション管理会社もあると聞く。スケールメリットと人件費の高騰、地方の管理物件の利益を天秤にかけ検討した結果、大手管理会社は撤退していくのだ。

◉コンプライアンス意識の高まり

これは一概に悪いことではないのだが、特に大手管理会社は「リスク」に対する意識が高い。これは、マンション管理に関するトラブルを起こし、行政処分を受けてしまうと国土交通省のホームページ上で公表される。行政処分には管理業登録を取り消されてしまう登録取消、一定期間業務ができなくなる業務停止、トラブル内容や改善策を公表させる指示処分とある。

ネガティブ情報は同ホームページ上で2年間公表され続けるため、管理会社選定を行うマンション管理組合の目にも触れてしまい、選定材料となる可能性がある。また、大手管理会社はマンション管理業だけでなく、他の業態も広く手掛けていることもあるため、ブランドイメージにも傷がつくと、他業態への影響も考えなければならない。

行政処分とは別に、大きなニュースになるようなこともある。2020年に神奈川県逗子市で発生したマンション敷地崩落事故のように管理会社名を出され「管理会社に一定の責任を負わせる」という裁判例もある。

過去には「売上をとるか、リスクをとるか」というマンション管理会社内のジレンマがあったように思うが、このご時世の管理会社の動向を見るとはっきりと「リスクは取らない」方向へ舵を切っているように見える。

大手管理会社は、地方には支店や営業所を置き営業をしている。ただ、中には拠点から遠いマンションの管理を請け負っている管理会社も多い。目の届くところでは良いのだが、車で2~3時間かかる場所にあるマンションの管理は多忙なフロントマンは足が遠のきがちになり、どうしても現地の管理員や協力業者に任せる部分が出てくる。また、肝心の支店や営業所には信頼できる社員を配置しなければならないが、その人間の確保も大きな課題である。一定の水準の管理ができないと判断されれば、売上とリスクを勘案して撤退も視野に取捨しているように見える。

◉業務を制限した契約への切り替え

マンション管理業を行うためには「管理業登録」を行わなければならないことは前述のとおりだが、この場合の「マンション管理業」とは具体的に何を指すのか。適正化法第2条第6号によれば「マンションの管理に関する事務であって、基幹事務（管理組合の会計の収入及び支出の調定及び出納並びにマンション（専有部分を除く。）の維持又は修繕に関する企画又は実施の調整をいう。以下同じ。）を含むものをいう。」とされている。つまり、基幹事務である「管理組合の会計の収入及び支出の調定」「収納」「マンション（専有部分を除く。）の維持又は修繕に関する企画又は実施の調整」を同時に3つ受けなければ「マンション管理業」ではなくなり「管理業登録」をする必要がなくなる。

とはいえ、大手管理会社は他にも多くの「マンション管理業」の管理委託契約を締結しているため、管理業登録をしないという選択肢はないのだが、高リスク物件はマンション管理業に当たらない契約にすることでリスク回避できないものだろうか。

結論から言えば、このような動きは筆者の周りでは今のところ確認できていない。大手管理会社は前述したとおり、コンプライアンスやブランドイメージを重視しており、脱法的な業務は行っていないようである。

◉管理アプリの導入

大手管理会社は管理アプリやWEBサービスの導入も増えてきている。来客用駐車場の申し込みや工事申請、図面の貸し出しや議事録の閲覧の予約等も管理アプリ等で可能となるため、現地の管理員の手間が減っているとのこと。非常に便利であるが、一方デジタルに疎い高齢者には、情報にたどり着く障壁にもなっているため、アプリを導入したからといって管理員の人件費を減らせるかというとそうではなく、結局はデジタルと併用しているらしい。

まとめれば、大手管理会社の中には売上至上主義から撤退し、管理の質や価値を高める方向に舵を切っているところもある。そのため、地方都市の管理については、単なる「管理委託契約の売上」だけでは引き止められない状況となっているのではないかと筆者は考えている。

本件に関して問題があるとすれば、地方都市では、このような動きを察知している管理組合はまだまだ少数であるという点だ。中には、管理組合は管理会社より立場が上で、気に入らないことがあれば「当たりの管理会社」に巡り合うまで選び続けることができると考えているように見受けられる管理組合もある。

そのような時代では既になく、いかに管理会社との共存関係を保っていけるのかを真剣に考える必要があると思う。

寡占化についての懸念

地方都市からマンション管理会社が撤退していく中で、注視すべき問題となるのが「寡占化」である。管理会社に不満がある場合、別の管理会社に管理委託契約を切り替える「リプレイス」が検討される。実際にリプレイスをしないまでも、リプレイスできる環境にあることにより管理会社も適度な緊張を持って管理業務を遂行することが期待される。しかし、寡占化が起こっている地域は管理を受託できるマンション管理会社の選択肢が少ないため、リプレイスによる管理会社の牽制が効かないのだ。実際に管理の選択肢がなくなった地域のマンションから管理会社についての話を聞くと「フロントマンの態度が横柄だ」「管理会社の評判はあまり良くない」「他の管理会社がないため仕方なく付き合っていくしかない」と管理の低下を嘆く声もある。

東京、大阪等の大都市圏には多くの管理会社の拠点があるため、このような問題が発生していることを意識することは少ないと思うが、地方都市では深刻な問題である。既に新潟県内でも「対応エリアを絞っている」管理会社も現れ始めており、新潟市や長岡市のような人口の多い都市以外では、管理会社の拠点の場所や条件等によっては管理を断られることもあるらしい。この辺の知識のアップデートができていない管理組合やマンション管理士が多く見受けられるため、ご留意いただきたい。

「第三者管理(管理者管理)」普及に伴うビジネスチャンス

最近の都心の新築マンションでは、第三者管理方式を採用しているところが増えてきているとよく耳にする。第三者管理方式とは、理事会を廃止し、管理会社が管理者となりマンション全体を管理していくものである。

都心の新築マンションを所有する人は年収が高い人が多く、無償もしくは薄給の理事会活動を回避したいという思いからだろうか。

一方で、高経年マンションでも第三者管理方式のニーズは高まっている。こちらは打って変わって「管理の担い手不足」によるものである。自分達で管理をし続けたくても寄る年波には勝てず、外部専門家に管理運営を依頼するというマンションも多い。

前章で触れた通り、第三者管理方式の普及を阻んでいた利益相反についての考え方も整理されていくことで、一般のマンションにも第三者管理方式が普及していく可能性がある。そして、第三者管理方式が普及するにつれ、筆者が行っている「第三者管理見守りサービス」のようなものも一般化していく。

本サービスは他の管理会社が行うわけにいかないため、マンション管理士の「第三者性」を活かすことができると期待している。

しかし、聞いた話では「マンション管理士と契約するマンションの第三者管理は受託しない」というマンション管理会社も中にはいるらしい。これは相当変な話である。管理組合に対して「我々にマンションの管理運営は全部お任せ下さい」と言って第三者管理を行う

●外部管理者総会監督型

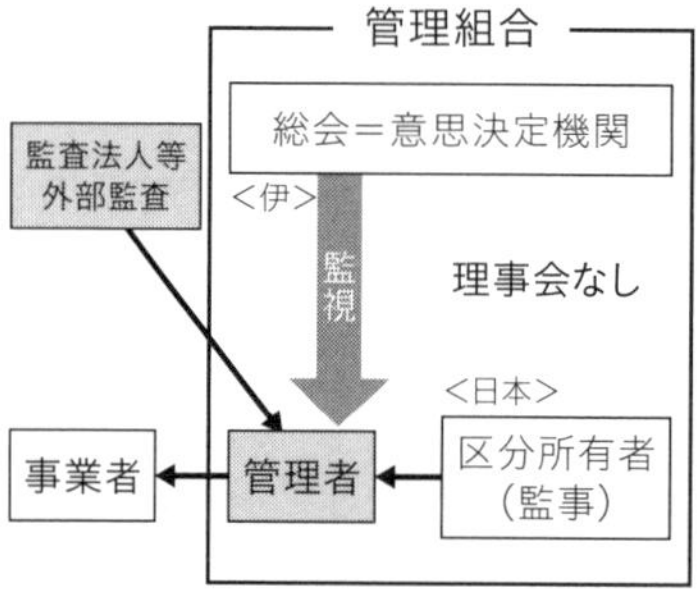

考え方

- 外部専門家を区分所有法上の管理者として選任し、理事会は設けないパターン。
- 区分所有者からは監事を選任して監視するとともに、全区分所有者で構成する総会が監視するものであり、総会の役割は重要。
- さらに、監査法人等の外部監査を義務付ける。

想定されるケース（マンションの特性）

- 高い専門性と透明性、区分所有者の利益の保護や最大化のニーズが高いが、規模の小さいマンション
- 理事長のなり手がいない例外的なケース
  ※支援的性格が強いケース

出典：国土交通省「事例別専門家活用パターンと論点・対策」
（https://www.mlit.go.jp/common/001086682.pdf）をもとに当社作成

のにも関わらず、管理状況のチェックのためにマンション管理士と契約するのであれば管理委託契約しないというのは、どれだけ自分たちのサービスに自信がないのだろうか。ましてやマンション管理士も管理会社の粗探しをするわけではなく、一緒にそのマンションの管理の品質や透明性を高めていくために活動するのである。管理会社から言いにくいことをマンション管理士が説明することで、組合員にも届きやすくもなる。いかにマンション管理士が管理会社と敵対してきたかという証左のようにも思う。

第三者管理に関するビジネスチャンスをものにしようと、マンション管理士だけでなく、他士業、管理会社、誰もが狙ってどのように関われるか考えている。第三者管理にアレルギーがある管理組合に対しては、現行の「理事会方式」のまま管理することに価値が出るかもしれない。第三者管理の監査の方法について、低廉で質の高いサービスが他士業から提供されるかもしれない。全国対応のマンション管理士が地方都市のマンションも遠隔管理できるようになるかもしれない。可能性は計り知れない。

▼「マンション管理士＝食えない」方程式にあらがう

前章で繰り返し述べている通り、マンション管理士という資格が食えない、役に立たないと言われがちである。「食える」マンション管理士になるためには何が必要なのか。筆者はマンション管理士としての活動はまだ短いが、長年の管理会社の経験を活かし、マンション管理士の可能性について、筆者の考えを共有したい。

◉管理組合の「伴走者」としての役割

管理会社の特性として、管理組合の「意思決定」にはなるべく関わらないようにするというものがある。当然、管理委託契約上に含まれていないため、関わらない管理会社に何の落ち度もない。しかし、管理組合の大きな負担はこの「意思決定」とそれに伴う「結果責任」にこそある。この負担に管理会社は耐えられない。例えば、今まで管理委託契約で数十年お付き合いしていた管理会社が、そのマンションの第三者管理として管理者に就任したとする。その際、過去管理会社の業務にミスがあった場合、どのように取り扱うのか。ミスの大小にもよるが、全て白日の下に晒されるのだろうか。第三者管理の管理者としての立場と管理会社としての立場が一緒になるというのは、いわば大規模修繕工事の際の「責任施工」（※1）に近い状態となるということだ。

無論、第三者管理方式となっても監事は別に選任されるし、重要な意思決定は総会で決議しなければならないのは重々承知している。しかし、今のルールの中では果たして組合員の利益になるのだろうか。

マンション管理士の「顧問」という立場も、いわゆるコンサルティング契約であるため、結果責任は負わないのが通常である。ただ、前述した逗子市で発生したマンション敷地崩落事故での例もあるように、事情を勘案して責任を負う可能性はないとは言えない。マンション管理士は個人事業主であるため、その責任いかんによっては業務ができなくなったり、廃業を余儀なくされる場合もあったりするかもしれない。

しかし、そのリスクがあるから尻込みして仕事をしないのだろうか。考えてみて欲しい。

※1　企画設計から工事まで、すべて一社の建設会社に任せて工事を行う方式。

他の士業はみんな同じような環境で仕事をしている。医師も弁護士も税理士も、報酬も高いかもしれないが、その分責任もリスクも高い役割を担っている。本書では、マンション管理士は「士業ではない」「食えない」等と散々言ってきたが、マンション管理の経験がないため、リスクの大きさを判断したり、回避したりする方法がわからず、責任を負うような仕事ができないマンション管理士が多いように思える。つまり、リスクを予見し、備えることができれば、活躍の場が広がるのではないだろうか。前述したとおり、マンション管理士には業務上発生した損害を補償する「マンション管理士賠償責任保険」がある。同様に、医師には「日本医師会医師賠償責任保険制度」、弁護士には「弁護士賠償責任保険」等がある。間違ったアドバイスをしたために、金銭的な損害が発生した場合は、同保険にて対応できる可能性がある。金銭的な損害が賠償できれば何をしても良いとは言えないが、マンション管理会社が高リスクであり管理できないと判断したような案件こそ、マンション管理士の本来の仕事ではないだろうか。

◉管理組合と管理会社間の「潤滑油」という役割

マンション管理士だからといって、管理会社に対してばかり厳しい意見をいうのではない。時には管理組合側にも強く伝えなければならないこともある。例えば「管理組合と管理会社との関係が『擬似管理者管理』に陥っている」という問題がある。管理会社と管理委託契約を行っている管理組合は多いが、管理会社が行っている業務が「管理委託契約内に留めているか」というと話が変わってくる。管理会社を非常に便利に使っている管理組合もあるように思う。管理委託契約内の業務とは、あくまで「事務局」なのだ。管理組合で決定した総会決議事項を理事会で履行する。その手伝いをするのが管理会社の仕事であるはずだが、この役割を「勘違い」している管理組合がとても多い。端的に言えば、管理会社に対し「マンションの管理運営方針」まで求めているのだ。

管理会社は管理組合の求めに応じ、資料の提出や素案の作成は行う。その資料を元に方針を取りまとめるのは理事会の仕事であり、総会に上程し可決承認されたらそれは管理組合の責任となる。この責任まで管理会社に求めるのは酷というものだ。しかし、世の中には失政の責任を管理会社になすりつけ、その都度管理会社を変更する、まるで中世の暴君のような理事長もいる。前述した通り、地方都市では管理会社が減ってきており「気に入らなければリプレイス」のような対応はできなくなってきている。また、管理会社側も、負担の大きな管理組合との契約は無理せず受注しなくなってきている。管理組合側から「最近の管理会社は胆力が足りない」「積極姿勢がない」などと恨み言も聞かれるが、時代は大きく変わっている。管理会社の立場から考えれば、クレームになることを避け、社員を守るための当然の判断である。

考えを改めてもらうにも、管理会社から説明して聞き入れてもらえるかというと難しい場合もある。管理組合と管理会社の二者間では利益がぶつかる関係のため、管理会社の口から上記のようなことを述べても「管理会社の言いなりになるな」「管理会社が利するだけ」とまともな話し合いにならないことが多い。このような場合、マンション管理士がその「第三者性」を活かし、ファシリテーターとして管理組合と管理会社の立場の違いを説明することで、当事者同士が対話するよりスムーズに解決する場合もある。

まだこの考え方を取り入れているマンション管理士は多くなく、また管理組合側としても管理会社の委託料の他にマンション管理士の顧問料も発生するため、財政に余裕のない管理組合では採用されにくいと思われる。ただ、大規模マンションであれば、管理会社との「潤滑油」「通訳」としてマンション管理士と顧問契約をしてもらえる可能性があると考える。

マンション管理士は「食えない」資格ではなく、「マンション管理士で食えない人が、食えないと言っているだけ」なのではないだろうかとも思えてくる。

▼答えのない「高経年マンション問題」に立ち向かう

筆者は開業前、高経年マンション問題に取り組むプレイヤーがほとんどいないことに驚いていた。大手管理会社では採算が合わず、管理を受けないような小規模な高経年マンションこそ、ブルーオーシャンだと考えていたからだ。しかし、開業してからこの問題に取り組んでみて、その理由が少しわかったような気がした。この問題を解決する「労力」が「インセンティブ」に見合わず、はっきり言ってしまえば「骨折り損のくたびれ儲け」なのだ。どの辺が難しい部分なのかというと、以下の通りである。

◉当事者が問題解決を望んでいない

実は「高経年マンション問題」はマンションに住む人が必ずしも解決を望んでいないこと

が多い。例えば、外壁タイルが落下する、消防設備が数年実施されていない、マンション共用部の保険も付保されていないという状態のマンションは、近隣住民からすれば非常に危険であり、注意して改善を促す必要があると思うはずである。もしその状況が組合員の認識不足で修繕等が滞っているだけであれば改善の余地がある。しかし、「組合員がその状況を認識し、許容している」のであるならばどうだろうか。

「外壁タイルは落下しているが、通行のない場所であり改善する必要がないと考えている」
「消防設備の不具合は認識しているが、費用の問題で実施できない」
「保険については任意であり、管理費削減のため付保していない」

ここまで来ると、近隣住民に迷惑をかけかねない状況となるが、このような管理不全マンションに対し、外野からどのくらいの強制力を働かせることができるのだろうか。「お金がない」「ない袖は振れない」と開き直る管理組合に「生活費を削って外壁を直せ」ということは誰にもできないはずだ。

無論、行政が対応する場面も出てきて「居住に適しない建物（要除却認定）」を受けるというマンションも出てくるだろう。しかし、基本的には要除却認定はマンション側から申請し認定されるものであるため、行政から先回りして対応することは難しいと思われる。そのため、この問題の解決は「組合員の意識を変えてもらう」ことが重要となる。しかし、住民が高齢化してしまってから検討しても「難しい問題は自分が死んでから考えてくれ」と消極的な意見しか出てこない。多少の不便には目をつむるから寿命まで住まわせて欲しいというのが本音なのだろう。ただ、このような状態では管理の引き受け手が現れない。この問題に対する筆者の考えだが、マンションの管理組合には長期修繕計画とは別の、マンションの将来についての計画を作成し、次の世代に引き継いでいくのが良いのではないか。具体的な計画が難しければ、抽象的な方針であっても構わない。将来についての考え方されあれば、あとは管理会社や専門家がサポートしながら管理不全を防ぐことができるのではないか。

◉マンションに「籠城」されたら

当たり前だが、マンションは「家」である。家である以上、許可しない人が無断で立ち入ることは制限されるべきである。そのため、過去には真偽は定かではないが「マンションに住んでいればＮＨＫの受信料を徴収されない」と言われたりしたこともあった。

外からの督促にも強い反面、外に出すということも難しい。マンションにする権利は「区分所有権」という所有権である。所有権は財産権の一つであり、財産権は憲法にも規定されている非常に強い権利（※2）である。

マンションは住民自治であり、住民の多数決で物事が決議される。マンションの管理状況を、近隣住民に開示する必要はないいし、そのような法律の規定があるわけでもない。マンションは「家」なのだから。ただ、家ではあるが、木造2階建て住宅とくらべてはるかに大きく、木造住宅にはないような設備がある。

あくまで仮定の話であるが、そのような巨大で管理の難しい建造物の所有者達が、「管理

※2　憲法　第二十九条
財産権は、これを侵してはならない。

を諦める」旨の内容の合意をしてしまったらどうなるのか。単なる相隣関係に留まらず、地域の損害、ひいては社会の損害となるのではないだろうか。マンション住人が「お金がない」からと言って放置して良いのだろうか。

一方で、強い所有権のために、社会に損害を与えかねないからといっても、みだりに住居を明け渡せなどということもできない。それこそマンションに「籠城」されたらどうなるのだろうか。

「籠城」状態となってしまったら、マンション管理士としても解決は困難だ。所有権と居住権を盾に、管理しないことを正当化されてしまえば手出しができない。

今のところ、この問題に対する明確な回答はない。強いて言えば、そのような状態にする前に啓発活動を行い、いかに管理不全とならないようにするのかを切々と説き、個別案件ごとに検討し、必要に応じて訴訟等を行っていくしか対応のとりようがないものと思われる。

マンション管理の諸問題は、まだまだ明確な解決を見ない問題も多く存在する。「自分の財産であるマンションを、管理放棄するはずがない」という性善説に立っているような制度設計であり、管理不全マンションを防止するような法整備にはなっていない。令和3年の適正化法改正により、都道府県等がよりマンションに関わることが期待される内容となった。しかし、「高経年マンション問題」の解決はまだまだ見通しが立っていない。そもそも「解決するような性質の問題」なのかわかっていないのでは、と感じることもある。

それでも「高経年マンション問題」と、この問題により悩み、苦しんでいる人は確実に存在する。新築のマンションでも経年劣化は免れず、いつかは必ず高経年マンションとなる以上、人が生まれて必ず老いて死ぬように、高経年マンション問題はどのマンションでもいつかは必ず発生するものである。

あとはその問題とどのように向き合うのか。答えがないからといって先送りにせず、解決を図るべく最善を尽くしていきたい。

▼自治体とマンション管理士会との連携

2022年4月1日より「管理計画認定制度」がスタートした。これは、適正化法の改正により県または市が「マンション管理適正化推進計画」を作成したとき、管理組合の管理者等は、国土交通省令で定めるところにより、当該管理組合によるマンションの管理に関する計画を作成し、県または市の認定を受けるという制度である。

この認定を受けることで、一定の水準のマンションであるということの目安となり、また住宅金融支援機構の借り入れ金利が引き下げられる等のメリットもある。2023年12月8日時点では全国で345件の認定マンションがある。

管理計画認定制度と並行して、近年自治体とマンション管理士会との連携が深まっている。地域のマンション管理士会と協定を締結し、管理組合に対しマンション管理士を派遣する事業を行っている自治体もある。更に、適正化法改正により追加された条文の中には管理組合の管理者等に対して必要な助言や、場合によっては勧告を行う旨も盛り込まれている（※3）。

※3　参考）適正化法（抄）

（助言、指導等）

第五条の二　都道府県等は、マンション管理適正化指針に即し、管理組合の管理者等（管理者等が置かれていないときは、当該管理組合を構成するマンションの区分所有者等。次項において同じ。）に対し、マンションの管理の適正化を図るために必要な助言及び指導をすることができる。

2　都道府県知事（市又は第百四条の二第一項の規定により同項に規定するマンション管理適正化推進行政事務を処理する町村の区域内にあっては、それぞれの長。以下「都道府県知事等」という。）は、管理組合の運営がマンション管理適正化指針に照らして著しく不適切であることを把握したときは、当該管理組合の管理者等に対し、マンション管理適正化指針に即したマンションの管理を行うよう勧告することができる。

これにより、前述の高経年マンションに対してもプッシュ型の助言、指導が可能となった。自治体によっては職員で対応しているところもあるだろうが、マンション管理士と協力して対応していくという場面も期待される。独占業務のないマンション管理士ではあるが、役割を与えられて活躍の場が増えることもあるかもしれない。

▼AIとマンション管理士業

近年のAIの進歩は目覚ましい。テーマを与えるだけで、その内容に沿った文書を書いたり、専門的なことも瞬時に回答したりできるため、「AIに仕事を奪われる」「奪われやすい仕事とは?」等の話題でしばしば盛り上がる。奪われやすい仕事に専門的で高収入の「医師」や「弁護士」等が入っていることもあり、本当なのかといぶかしく思っている。

筆者としては、これらの仕事はそれほど簡単にAIに置き換わるとは思えない。なぜなら医師も弁護士も「独占業務」があるためだ。独占業務があれば、いくらAIが優秀であっても医師や弁護士の資格が無ければ業務はできない。つまり独占業務がある士業にとってAIは優秀な補助者にはなり得るが、取って代わられる脅威ではないのだ。

他方、マンション管理士はどうか。独占業務がある医師や弁護士等の士業とは違う危機感がある。繰り返し話をしているとおり、マンション管理士は独立業務がない。つまり、マンション管理士の業務をそっくり行うAIがいつ現れてもおかしくないのだ。

実際に、マンション管理の現場では少しずつIT化してきている。例えば、管理員やコンシェルジュを廃止し、受付業務をタブレットやWEBで行っていることなどは最たるものだろう。

この目線でマンション管理士を見ると、「マンション管理士の知識を使った仕事」はコモディティ化（※4）していく可能性は、今後あるかもしれない。

しかし、一方で筆者が本書で繰り返し述べている「第三者性」はAIで代替できる性質のものではない。そのため、マンション管理士もAIには簡単に取って代わられないのではと考えている。

ちなみに筆者は、コモディティ化したマンション管理士の次の手として「ジェネリック管理会社」というものを考えている。これについては次項で詳しく述べたいと思う。

▼「ジェネリック管理会社」という考え方

管理会社は小規模マンションの管理を手掛けるとなると、なかなか利益が取りづらい。これは、多くの場合管理委託料が戸数に応じて計算されているからである。おおよそだが、20戸より少ない戸数のマンションでは管理委託料だけでは黒字化が難しい。これはマンション管理会社という業態に共通する問題であるため、管理会社を変更することで改善されるような性質の問題ではない。

大手管理会社はこの問題の解決のための施策として前述の通り「管理アプリの導入」や「業務を制限した契約」を行っているようだ。管理にかかる手間を減らし、人件費削減に繋げる狙いがありそうだ。

翻って、小規模マンションの管理について、我々マンション管理士も何か関われることが

※4　価値の高かったものが一般化していくこと。

ないかを考えてみる。単純に、管理会社が小規模マンションの管理を手放していることが「人件費」の問題であれば、例えばマンション管理士が一人で管理会社の代わりを務めることはできないだろうか。管理会社の行っていることはコモディティ化している部分も多い。これをマンション管理士がコンパクトに提供することを筆者は「ジェネリック管理会社」と呼んでいる。管理会社という組織の安定性こそ劣るものの、委託費を大きく抑えることができるため、需要があるのではないかと考えている。実際、筆者は顧問業務だけでなく議事録の作成や会計資料の作成等も行っているマンションもあるが、小規模マンションであれば問題なく作成できる。無論、大規模マンションであっても作成可能であるが、特殊な会計があると事務量が増えて採算が合わなくなる可能性がある。経験の少ないマンション管理士はこの判断が難しいと思われるため、契約を行う際には十分な精査が必要と思う。

ただし、この「ジェネリック管埋会社」については、まだ普及まで少し時間がかかるものと思われる。採算度外視で受注を狙う中小管理会社がまだまだ多くある上に、管理組合側も「個人に依頼するのは心配だから会社組織に依頼したい」というニーズが高い。ここについてはまだマンション管理士側の改善の余地があるように思う。

20 マンション管理士という仕事への思い
答えは制度の外にある

「誰も悪くない」からこそ解決しない

マンション管理にトラブルは付き物であるが、マンション管理の場面に「悪者」は登場しない。組合員はマンションを居宅や資産形成のために所有している。管理会社は管理委託契約の通りに業務を履行している。それなのになぜトラブルが発生してしまうのか。皆なぜ自分の権利を主張しているだけなのに、意見対立が発生するのだろうか。

◉居住組合員と外部組合員の管理方針の違い

マンションを居住用として所有する「居住組合員」と、資産形成のために所有する「外部組合員」とでは、管理方針に違いがある。

居住組合員は居宅としての快適性を求め、長く居住するため、修繕積立金改定には概ね賛成される場合が多い。片や、外部組合員は資産形成のため所有している場合が多く、資産価値向上のための支出は反対しないものの、自分の見立て以上の期間の修繕積立金には興味がなく、将来を見越した修繕積立金の改定には反対しがちである。ただこれは、どちらが正解という問題ではなく、立場の違いだけである。

●「居住組合員と外部組合員との管理方針の違い」（筆者作成）

	所有目的	管理費等の使い方	積立金の改定	所有期間
居住組合員	自己の居住のため	居住快適性のため	必要な修繕のための改定には賛成	長いことが多い
外部組合員	主に資産形成のため	資産価値向上のため	利回り重視のため長期目線の改定には反対	数年〜10数年程度

◉聡明な理事がクレーマーになる？

理事役員が、粉骨砕身の努力で管理運営を行うマンションにありがちなのだが、後任の理事役員の管理運営が気に入らないとクレーマーに転じてしまうことが散見される。

理事就任が負担という人も多いが、反面権利であるとも言える。権利を行使できる立場であるにも関わらず、文句ばかり言ってくる人に囲まれてしまうと「理事役員を続けるモチベーション」が下がってしまい、無責任な外野に引っ張られてしまう。これはマンションにとって「頑張る理事」を失うという大きな損失なのであるが、この損失にはなかなか気づけないことが多い。

このような悲しいクレーマーを増やさないためにできることはないか。筆者は2つの方法を提案したい。1つは「きちんと理事役員を褒めたり感謝を伝えたりする」ことだ。理事役員と話をしていると様々な意見に「嫌われ役」とか「何のための仕事か」とか後ろ向きになる方も多い。理事役員が評価される機会というのは、個別にはあるだろうが、大っぴらにはほとんどない。あるマンションでは、総会時にご意見として「今の理事役員は大変よくやっている。」ときちんと感謝の意を伝えていた。

もう1つは「クレーマー仕草にノーを突きつける」ことだ。住民同士でいがみ合うことは好ましいことではないが、クレーマーはそのような神経はない。クレーマーを放置することはその行為を「容認」することにとられる場合がある。そうなっては理事会がリーダーシップを発揮できなくなってしまう。クレーマーには毅然とした態度で接することが肝要だ。

「マンション管理」プレイヤーの人手不足

はっきり言ってマンション管理という仕事は憧れを持たれるような仕事でもない。小さな頃からマンション管理に関する仕事に就きたいと考える人は極々少数だろう。そのため、通常のリクルート活動で社員を確保できるかというと難しい。

大手管理会社はこの人手不足の折、様々なテクノロジーを用いながら少ない人員でどうやってマンション管理を続けるのかを日夜考えている。中小管理会社も限られた人材で、業務縮小や撤退を視野に入れながら、顧客に迷惑をかけないよう身を粉にして業務に勤しんでいる。

一方、マンション管理士はどうだろうか。マンション管理士試験合格者は毎年1，000人以上出しているが、全員がマンション管理士活動を行っているわけではない。筆者もマンション管理士活動の楽しさや必要性を様々な場面で語っているが、開業しているマンション管理士が増えている実感はない。マンションのそれほど多くない地方都市で、積極的な営業をせずとも開業1年足らずで副業としては十分な収入を稼げている。また相談内容も多岐にわたり「マンション管理士にしか解決できない」とは言えないまでも「マンション管理士が適任」というものもあるため、マンション管理士には伸びしろがあると考える。筆者は、「マンション管理士は食えない資格」という言説は、マンション管理士資格に問題があるのではなく、マンション管理士自身に問題があるのだろうと考える。実際、マンション管理士には自分が活動できていないことを所属している「マンション管理士会」の責任のように言う者もいる。残念だが、そのような他責思考のマンション管理士では答えのない高経年マンション問題に悩むマンションに寄り添うことすら厳しいと言わざるを得ない。

　マンションストック数は年々増えているため、マンション管理業界自体のプレイヤーが足りなくなるのは自明の理である。そのため、仕事ができるマンション管理士が求められる時代がすぐそこまで来ていると筆者は考えている。

　マンション管理はストレスの多い仕事である。某匿名掲示板ではマンション管理の仕事を「奴隷業」と揶揄されていた。クレーム処理係と言われることもあったし、実際、仕事の内容もそれに近いものがあった。しかし、労働者人口の減少、マンション管理会社と管理組合間のパワーバランスの変化、管理会社の働き方改革等の外的要因により、マンション管理士に注目が集まる可能性がある。将来は誰にもわからないが、マンションの未来予測は比較的しやすい。なぜなら、マンション新築から修繕積立金の改定、大規模修繕、設備改修、役員の成り手不足、管理不全とどのマンションも経年するにつれ、真っ直ぐ定規に引いたように同じようなタイミングで同じような問題が発生するからだ。問題が発生することが事前にわかっていれば、当然解決方法もわかっているのだが、これは管理組合ごとに適不適がある。筆者と同じように管理会社に長く勤務していた経験があれば、この「マンションの未来予知」が備わっている人も多いだろう。この能力は今後必ず大きな力になる。

　これが筆者の希望的観測か、はたまた世の中の潮流か、答え合わせはまだもう少し先になるだろう。

Column CASE 5

「管理会社＝敵」ビジネスモデルの危険性

なぜか管理組合から目の敵にされがちな管理会社。その管理組合から相談を受けるため、ピュアなマンション管理士はついつい管理会社は敵だと言ってしまう傾向にあるように思う。

管理会社は、管理組合よりも知識や経験が豊富である。また、管理組合や区分所有者にとっては大金で購入した大切なマンションであるが、管理会社目線では多くの担当先の一つでしかない。この意識のすれ違いや管理会社からの説明不足により、管理組合が不信感を持ち、関係悪化に発展することもある。

その結果、「管理会社は信用ならない」「管理会社に好き勝手やられている」などと言う言葉が、管理組合側から出ることになる。一部のマンション管理士は、管理会社の変更（リプレイス）業務を受注するために過度に「管理会社は悪である」「管理会社は暴利を貪っている」と喧伝していることもあると聞く。

そもそも、管理会社は管理組合が総会の決議により業務を委託している協力業者である。「好き勝手やられている」と思うのであれば総会で解約し、他の管理会社に依頼すれば良いだけの話である。管理会社を変更することでメリットがあるような仕組みのマンション管理士の口車に乗る必要は全くない。また、このような仕事の手法は「取引先」を狭めることにもなりかねない。筆者は管理組合だけでなく、管理会社のコンサルティングも行っている。

必要以上に「管理会社は悪」と言い回っていると、管理会社からの仕事を受注することは難しいだろう。無論、管理組合と管理会社の双方から仕事を請け負うようなことはしないし、取引先から不信感を持たれないように適宜情報公開しながら仕事を行っている。

こっそり手数料を受領したりするような仕事は行っていないため、契約で守秘義務がない部分であればきちんと公開し、信頼してもらいながら仕事を行っている。

管理会社の数自体は減ってきているが、地域に大手管理会社が数社ある状況であれば相談に乗って来てくれるはずだ。管理会社は、マンションの個人情報、財政状況、工事履歴等多くの情報を所有している。そもそも、ある程度の信頼関係がない会社に重要な情報を渡すということの重要性を認識していれば自ずと管理会社変更の話は管理組合から上がってくるはず。

無論、管理会社にも良し悪しがある。どうしてもマンションの担当者とのコミュニケーションが難しいようであれば担当者の変更を支店に依頼する。それでも改善しないようであれば本社に相談することも効果的だ。

管理組合と管理会社の仲違いは、マンション管理士等のマンション管理コンサルティング業者の飯の種になる。ただ、仲を引き裂くのか、仲を取り持つのか、手法は正反対である。筆者はマンション管理会社の経験もあるため、基本的には修正可能な関係を、わざわざ引き裂くような行動は控えるようにしている。管理組合と管理会社、どちらかが契約継続を希望しているのであれば仲を取り持ちたいような活動をしたいと考えている。実際、マンション管理会社を変更しても、問題が解決せず、よくよく原因を突き詰めていったら、マンションの理事役員の問題だったなんてことはよくある話である。これでは責任転嫁された管理会社が気の毒である。

私の知っている管理会社の社員やマンションの理事役員の多くは、真面目で責任感が強く、信頼できる人ばかりである。小さな行き違いで空いた穴に、指を突っ込んで引き裂くような商売は、私は関心しない。

エピローグ　マンション管理の仲間たち

「マンション管理士は食えない」と言われている業界で、それでもマンション管理士として活躍している人は何か「光るもの」を持っている。単にマンション管理士としての能力が高いだけではない、魅力がある人が多い。

他の難関資格とマンション管理士の「掛け算」で活躍している人、たくさんの顧問契約を一人で切り盛りしている人、ファシリテーション能力を買われて大規模マンションで活躍している若い人、様々だ。

変な言い方だが、マンション管理士で活躍している人は押し並べて能力が高い。他の仕事をしても十分に活躍できるはずだ。それでも様々な思いを胸にマンション管理士として活動している。

最後に、筆者がマンション管理士として活動する原動力となった「先輩方」の話をさせていただきたい。

一人は、マンション管理の仕事の全てを私に教えてくれた先輩。この方からは仕事だけでなく、マンション管理についての考え方も教えていただいた。曰く、「管理規約より、管理委託契約書より、困った人を助けることを優先しろ」とのこと。はっきり言って、管理会社の社員の発言としては全く正しくない。他の上司から「正しくない」ときっぱり釘を刺された。ただ、私はこの考え方が好きだった。その時から「管理会社にできることの限界」のようなことをぼんやり考えていたのかもしれない。

もう一人は、とても優しくて、非常に器用な先輩。この方も、ルールよりも「お客様の依頼に全力で応えること」を優先する方だった。要望されれば、自分ができることは全てやった。手先が器用で、なおかつ色々な資格を持っていたため、専有部分の困りごとや軽作業も数々実施した。トイレの詰まり除去や、壁クロスの貼り替えなど、普通の管理会社なら断るようなことも、嫌な顔一つせず引き受け、筆者も度々手伝いをしていた。時々そのことを思い出し、「単に断れなかっただけだったのでは」と考えることもあるが、その方はお客様から「あの人が言うのなら間違いない」と絶大な信頼を受けていたため、仕事がしやすかった。管理会社は信頼されていないと「やった仕事を端から否定される」ようになる場合もあるため、一定の信頼がないと仕事として成立しない。

二人の先輩に共通することはいくつもあるが、大きな共通点は「人から好かれていた」ということだ。管理会社で働く人で「優秀」なのに「嫌われる」人を多く見てきた。確かに、ルールを守ってもらうために生活のし辛さを強いることが多いし、嫌われ役に回ることも多い。ただ、このような人は「嫌われる役回り」を受け入れてしまっているようにも感じる。それは仕事としては正しくても、敵を増やし、ファンを減らす行為である。何より仕事をしていて全く楽しくない。もちろん、ルールを破ることはマンション管理の場面では褒められることではない。ただ、ルールの中でできることを最大限考えて行動することは何も悪いことではないと思うし、否定されるものではない。時代や実情にそぐわないルールは変えていく必要もある。ただ、何かを変えていくことは、管理会社に所属していると大変に難しかった。管理会社はルールを守る仕事であるため、変えることは提案しにくく、管理組合に「変えてもらう」ことしかできない。また、保守的な会社も多く、自分を変えることも難しいと感じる。そのような気づきを与えてくれた二人の先輩には、感謝してもしきれない。

筆者も、こんな素敵なマンション管理及びマンション管理士の諸先輩に負けないように活動していきたいと奮闘している。

●著者紹介

おとうふマンション管理士事務所　代表

澤田　亮（さわだ　りょう）

マンション管理士。一般社団法人新潟県マンション管理士会理事。

15年超のマンション管理会社勤務を経て、現在は主に新潟県内の高経年自主管理マンションや小規模マンション管理会社のコンサルティングを行う。マンション管理士の他、宅地建物取引士や管理業務主任者、2級ファイナンシャルプランニング技能士等複数の国家資格取得。

●イラスト：mammoth.

マンション管理士《かんりし》の
「お仕事《しごと》」と「正体《しょうたい》」がよ～くわかる本《ほん》

発行日　2024年　3月11日　　第1版第1刷

著　者　澤田《さわだ》　亮《りょう》

発行者　斉藤　和邦
発行所　株式会社　秀和システム
〒135-0016
東京都江東区東陽2-4-2　新宮ビル2F
Tel 03-6264-3105（販売）Fax 03-6264-3094
印刷所　日経印刷株式会社

ISBN978-4-7980-7152-7 C0036